AF358497

EL PODER DE LA ACCIÓN

DAVID GALLEGO

www.poderdelaaccion.guiaburros.es

EDITATUM

Primera edición: febrero 2020

ISBN: 978-84-18121-14-2
Depósito legal: M-6073-2020

Si después de leer este libro, lo ha considerado como útil e interesante, le agradeceríamos que hiciera sobre él una **reseña honesta en Amazon** y nos enviara un e-mail a **opiniones@guiaburros.es** para poder, desde la editorial, enviarle **como regalo otro libro de nuestra colección.**

*Gracias a Katia Ugolini,
por su ternura y compasión.*

*A Sebastián Vázquez,
por sus consejos y visión de la vida de las cosas.*

*A Gloria Peláez,
por sus consejos y visión de las cosas de la vida.*

A los tres, por su amistad, amor y sabiduría.

A Juan Guerrero, por todo.

*A la Vida misma por darme esta oportunidad,
y a las nuevas historias que nacen, que inspiran y que sanan.*

Sobre el autor

 **David Gallego**. Psicólogo, especializado en Marketing y Psicología Social y de las Organizaciones. Ha sido directivo en dos grandes multinacionales, donde aprendió la importancia de los procesos en la consecución de metas y objetivos.

Como psicólogo es escritor, conferenciante, tertuliano radiofónico, formador y, en definitiva, una persona volcada en el mundo de la divulgación y el desarrollo humano, labor que desarrolla con el acompañamiento a personas que buscan el sentido de su vida.

Esta doble experiencia le ha permitido desarrollar un método de trabajo uniendo procesos empresariales y la orientación a las personas que ayuda a ambos colectivos a alcanzar sus sueños y metas.

Todo su trabajo se fundamenta en el acompañamiento en búsqueda de aquello que le da sentido a la vida, en el desarrollo de personas y organizaciones desde el Amor y la Compasión y en la divulgación de principios de Vida.

Índice

Introducción

Bienvenido, lector, a este libro, en cuya lectura confío que encuentres la información y los medios necesarios para alcanzar tus sueños.

Como puedes ver, voy directo al grano. Y es que el motivo por el cual he decidido escribir este libro es el de trasmitirte una idea: quiero que acabes su lectura con el firme convencimiento y la rotunda y absoluta certeza de que es posible cumplir tu **gran sueño**.

Todos conocemos a personas que cada vez que se proponen algo, lo hacen, ¿verdad? Deciden dejar de fumar y dejan de fumar, deciden ponerse en forma y, para ello, apuntarse al gimnasio... y se apuntan al gimnasio. ¡Incluso van a entrenar!

Con la misma naturalidad deciden emprender negocios, cambiar sus rutinas, etc. ¿No te has preguntado nunca de dónde sale esa capacidad? Dicho de otra manera, ¿cómo lo hacen?

Podemos pensar que son personas que están hechas de otra pasta, pero en realidad lo único que ocurre es algo tan sencillo como que nada interrumpe el proceso: sueño/decisión/acción.

Pero no se trata solo de que te diga que tus sueños se pueden cumplir; no se trata de que me esfuerce en convencerte. La intención que me empuja a escribir este libro es demostrarte que es posible, con un modelo explicativo, mediante ejemplos de personas. De hecho, yo mismo he conseguirlo cambiar mi vida. Pero daremos un paso más: no solo quiero contarte que es posible; te propongo que hagamos juntos un plan de acción que te lleve a cumplir con ese **gran sueño**. ¿Qué te parece?

Bien, pues precisamente de eso trata nuestro libro, tu libro y mi libro; porque este libro, sin ti, no valdría nada. Yo solo voy a poner el mapa y la explicación de algunos conceptos e ideas claves. El resto lo pones tú. Desde este preciso instante, son tus sueños lo realmente importante, es de tu vida de lo que vamos a hablar y es tu camino el que nos vamos a preparar para recorrer.

En este libro vamos a centrarnos en la acción dirigida al cumplimiento de nuestros sueños. Vamos a considerar esta acción como una acción consciente y enfocada, por lo tanto, receptora y usufructuaria de nuestro foco atencional. Mi intención es que te resulte inspirador, con independencia del estado en el que te encuentres. Puede ocurrir que no sepas cuál es tu sueño, pero tengas toda la energía y habilidades/conocimientos para poder cumplirlo. Puede ocurrir que sepas cuál es tu sueño, pero no hayas dado el salto a la acción, por el motivo que sea. Da igual cuál sea tu situación actual; lee este libro hasta el final y vamos a hacer que ocurra.

Antes de empezar, vamos a presentarnos:

Mi nombre es David Gallego Tortosa (DavidGT). He trabajado como directivo en dos grandes compañías multinacionales de diferentes sectores, en las cuales obtuve muy buenos resultados. Destacaba por mi implicación, entrega, participación, etc. Con 40 años y aquejado de problemas de salud, desilusión, frustración y deseos de cumplir —por fin— con mis sueños, me lancé a una aventura que cambió por completo mi escenario vital, volviendo a mi ciudad natal, reorientando mi actividad profesional y viviendo la vida que siempre había querido vivir. Hoy escribo mi tercer libro —este que tienes entre tus manos—, doy conferencias inspiradoras, tengo mi propio blog, mi propio despacho de psicología en el que ayudo a personas a recuperar el timón de su vida, hago consultoría a empresas y lucho por alcanzar la libertad financiera en cinco años. Créeme: si yo he podido hacerlo en el momento más complejo de mi vida, cuando nada me resultaba favorable, tú también puedes. ¿Quieres que te cuente cómo lo hice?

Es tu turno. Es importante que te detengas unos minutos a escribir unas líneas sobre ti mismo. ¿Quién eres?

____

____

____

____

____

____

____

____

____

____

____

____

Espero que, dentro de cinco años, cuando releas estas líneas, puedas comprobar que ya no eres esa persona y que por fin estás viviendo la vida que siempre has querido vivir.

Te animo a que me envíes un correo electrónico a david@ davidgt.es con el asunto «Hoy empiezo a leer *El poder de la acción*», para presentarte. Así sabrás tú de mí y yo de ti.

Ahora que sé quién eres, y si me lo permites, me dirigiré a ti por tu nombre. Para ello solo tienes que escribirlo en los espacios que dejé con ese fin. Te explico todos los detalles en las instrucciones.

Instrucciones

Dado que este libro ha sido escrito para ti, lo primero que vas a hacer es escribir tu nombre en la página inicial, debajo del título.

Debes saber que este libro se lee con un bolígrafo en la mano. No; un lápiz, no. Lo que escribas y subrayes debe quedar escrito y subrayado para el resto de tu vida. A lo largo de su lectura, vas a tener que responder a preguntas, reflexiones que te plantearé, dudas... ¡y sueños!

Para mí tú eres importante. Por eso me quiero dirigir a ti por tu nombre. Para poder hacerlo necesito que, cuando veas un espacio —salvo que te indique otra cosa— escribas tu nombre. Este espacio estará reservado para ti; al fin y al cabo, es contigo con quien quiero hablar.

Podemos hacer la lectura de tu libro de una manera interactiva. Escríbeme, pregúntame, comparte tus inquietudes, siéntete libre de hacerlo. Puedes hacer lecturas complementarias en mi *blog*: www.davidgt.es.

El efecto *Bolero* de Ravel. Sin duda esta es una de las obras más conocidas de la historia de la música. Se trata de una pieza en la que el motivo principal suena de manera continuada y repetida (*ostinato*). Escuché una vez una explicación: Ravel, enfermo neurológico en la última etapa de su vida, quiso escribir una partitura basada en esa repetición continua para ayudar al recuerdo. No sé si se trata de una «leyenda urbana», pero me ha servido de inspiración. Y esa estrategia es la que he seguido en el guión de este libro.

Como verás, voy a repetir una y otra vez las tres ideas centrales que quiero expresar para facilitar su comprensión, aprehendizaje y posterior recuerdo. Iré repitiendo las ideas centrales según voy introduciendo otras para integrarlas en estas ideas centrales e ir armando el discurso completo. Quizás al principio te parezca algo teórico, pero dame la oportunidad de enamorarte primero con palabras y luego con hechos. Llega hasta el final y verás cómo me dirijo directamente a tu corazón, sin teoría, con el lenguaje del corazón y las palabras de Amor, Ternura, Belleza y Compasión.

Ahora querid@ amig@, mientras te preparas para empezar, subo el volumen de mis altavoces y me quedo escuchando esta excepcional obra, ¿te animas a escucharla?

Ya estamos preparad@s. Para empezar, te doy la bienvenida a tu libro, ____________.

Haz de tu vida una historia digna de ser contada

Hace tiempo que incorporé esta frase a mi vida, en mi trabajo, en mis conferencias, casi como un mantra. Hoy me permito compartirla contigo, no sin confesarte que lo hago con cierta satisfacción, ya que encierra lo que yo considero que es el núcleo central de mi sentir y de mi pensamiento, y como quien comparte un íntimo regalo, la pongo a tu disposición con toda la ilusión de saber que es lo más hermoso que te puedo ofrecer.

¿Qué quiero decir cuando te animo a hacer de tu vida una historia digna de ser contada?

En primer lugar quiero aclarar una cosa: hacer de tu vida una historia digna de ser contada no significa que tengas que ser el nuevo Napoleón, ni que esa historia tenga que ser conocida y aplaudida por las masas. Significa que debe ser digna de ser contada para que tú mismo la escuches y te sientas orgulloso de ella. Aparentemente, ninguno de nosotros somos hacedores de grandes gestas dignas de ser relatadas en libros de historia, pero en realidad todos somos héroes anónimos, héroes sin capa, si me permites la expresión. Todos hemos hecho —y hacemos a diario— actos de gran heroicidad, nos levantamos a horas intempestivas, somos capaces de trabajar por nuestras familias, los que tenéis hijos lucháis por sacarlos adelante y por ellos aguantáis circunstancias que, de otra manera, jamás aguantaríais.

Nos caemos y volvemos a levantarnos, enfermamos y enfrentamos la enfermedad... ¿Acaso todo eso no son actos que denotan una gran heroicidad?

Quiero que pienses lo siguiente, aunque hablaremos de ello más adelante: todos estos actos deben servirte para demostrarte que «puedes», que todos podemos. Ten la certeza de que «puedes» porque tenemos el poder y porque ya lo has hecho otras ocasiones. Cada vez que te enfrentes a un proyecto, recuerda que ya eres un héroe, que ya has vencido obstáculos en otros momentos de tu vida. Incorpora esa certeza a tu repertorio de recursos vitales y repite dentro de tu cabeza: «Soy capaz de hacer esto, sé que soy capaz porque una vez me demostré a mí mismo, haciendo X, que puedo hacer lo que me proponga».

Piensa lo siguiente: ¿por qué no tenemos la vida que realmente queremos? ¿Qué es lo que nos lo impide? A poco que indaguemos siempre llegaremos a la misma conclusión: la inacción.

Las causas que llevan a esta inacción son muchas. Unas veces estará provocada por el miedo, otras veces por la falta de enfoque, por el exceso de análisis, la falta de inquietudes o el «día a día».

¿Y si fuéramos capaces de «quitar» el miedo del lugar central que ocupa en nuestras vidas y poner en su lugar nuestro **gran sueño**? Hablaremos del miedo más adelante, aunque debemos pensar que no es solo el miedo el que nos frena. Quizá nos frena el juicio (a veces inconsciente) de que no podemos hacer nada para cumplir con nuestro sueño, bien porque pensamos que no es realista, bien porque pensamos que no contamos con los medios/capacidades para conseguirlo. Esta evaluación negativa nos llevaría a la parálisis o incluso al abandono.

Pues bien, vamos a hacer uso de otra afirmación que una vez leí:

Hazlo. Y si te da miedo, hazlo con miedo.

Muchas personas de éxito, por no decir todas, afirman que la clave de su éxito no fue la ausencia de miedo o de otra dificultad, sino la acción constante a pesar de todo. Y ahí reside, bajo mi punto de vista, la clave. Que el miedo, el dolor, la alegría, la crisis o cualquier «excusa» que se te pueda ocurrir, sean solo circunstancias que nos acompañan, pero no nos frenen en la acción.

Hazlo con miedo, hazlo con pena, hazlo con vergüenza, hazlo con alegría... pero ¡hazlo!

Hacer de nuestra vida una historia digna de ser contada significa que vivamos la vida tal cual la queremos vivir. Una vez que identificamos nuestro **gran sueño** y nos consagramos a vivir desde él, nos encontramos con la primera idea que debemos tener clara: el **gran sueño** no es una meta, sino un camino. Como veremos más adelante, Viktor Frankl habla del «sentido de la vida» para referirse a este **gran sueño** y a vivir según él.

Mi propuesta es, entonces, que vivamos la vida desde nuestro **gran sueño**. Es decir, que cada día, hagamos lo que hagamos, estemos dentro de la senda que marca eso que tiene que guiarnos y que le da sentido a nuestra vida. Para ello, lo primero que tenemos que hacer es identificar nuestro **gran sueño**; en segundo lugar, debemos tomar la decisión de cumplirlo, y en tercer lugar, debemos hacer lo que debamos hacer para alcanzar esa vida.

Una vez hayamos alcanzado esa senda, deberemos recorrerla el resto de nuestra vida, siempre con la actitud atenta a los dictados de nuestro corazón, ya que como vamos a ver, es ahí donde reside nuestro **gran sueño**.

Si te parece, vamos a ver cuál es el modelo explicativo en el que me he basado para la elaboración de este libro y el diseño de mi propia vida. ¿Vamos? Pasemos la página.

Modelo explicativo

Vamos a empezar por presentar un esquema de funcionamiento.

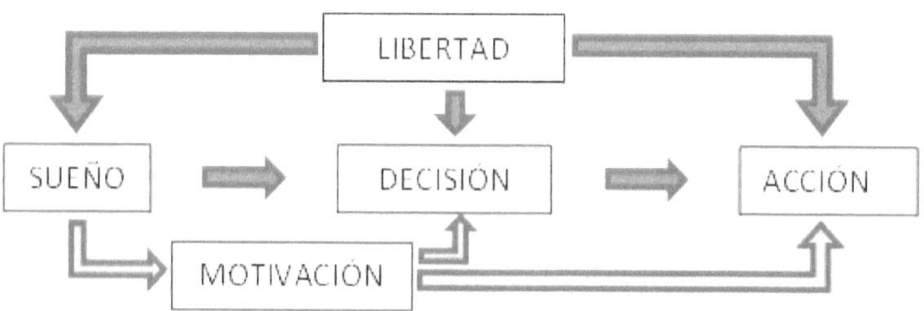

Vemos que la acción dirigida al cumplimiento del sueño nace de la existencia del propio sueño. Este debe desencadenar un proceso motivacional de activación que será el que provoque los otros dos pasos. En primer lugar, tengo que tomar la decisión de actuar, y por último empezar a actuar.

Es sencillo, ¿verdad? Entonces, si esto es así, ¿por qué no vivo mi vida enfocada al cumplimiento de mis sueños?

La premisa de la que parto es que, **para poder hacer realidad nuestro gran sueño, debemos sentirnos libres** para, desde el ejercicio de esa libertad, poner todo nuestro potencial al servicio de la gran empresa de nuestra vida: encontrar aquello que le da sentido a nuestra vida y recorrer el camino actuando en función de ese sentido (**gran sueño**).

Y digo sentirnos libres, no porque no lo seamos, sino porque normalmente no ejercemos esa libertad. Así es; como consecuencia de condicionantes tanto externos como internos, vivimos presos en vidas que no deseamos, que nunca hubiéramos elegido «si nos hubiéramos parado a pensar las cosas antes» o «si realmente hubiéramos sido libres para elegir». O al menos eso nos decimos, si es que en algún momento de la vida nos paramos a pensar en la vida que llevamos.

En cualquier caso, nos encontramos con que «esta vida» nos impide el ejercicio de la libertad con la que nacemos. Es preciso sentirnos libres, recuperar la certeza de que podemos tomar las decisiones que queremos, que pongamos toda nuestra atención —y, por ende, nuestra energía— en la consecución de nuestros sueños y de los medios para conseguirlos.

Pero por «libertad» no debemos entender solamente la capacidad de tomar las decisiones (libre albedrío). Debemos entender que la libertad es una condición intrínseca de la vida y, por lo tanto irrenunciable, pero su ejercicio sí que lo es. De hecho, solemos renunciar al ejercicio de nuestra libertad por la presión social, para evitar que nos señalen, por miedo al castigo o a la culpa, por «tener la fiesta en paz», etc. Por lo tanto, la libertad (el ejercicio de esta) es también una conquista. Para poder ser verdaderamente libres debemos contar en nuestro repertorio de conductas, en nuestra cuenta bancaria, en nuestras habilidades y conocimientos, etc., con una serie de recursos y disposiciones que nos permitan enfocarnos en nuestra vida con todo aquello que precisamos para poder vivir la vida que queremos vivir.

Por lo tanto, la idea es que para cumplir nuestro **gran sueño** tenemos que desarrollarnos como seres humanos, de tal manera que podamos ejercer la verdadera libertad. Debemos ser libres del mundo y de nosotros mismos, romper las cadenas que nos aferran a lo que «no somos» y crecer para alcanzar nuestro máximo potencial, lo que realmente podemos ser. Gracias a ese crecimiento tendremos a nuestra disposición todo lo que necesitemos para que nada en el mundo (interior o exterior) sea un lastre. Hacer desaparecer lastres que nos impidan el ejercicio de la libertad es nuestra responsabilidad. Está claro que es un escenario ambicioso en el que buscamos saber todo lo que necesitamos saber, tener libertad financiera, salud, etc., pero es el camino —y como diría aquel, «todo gran camino empieza por un primer paso»—, y si queremos comernos la vaca entera, pártela en muchos trocitos y empieza a comerlos poco a poco.

Alcanza esa libertad y nada te frenará en el cumplimiento de tu **gran sueño**. Pero ojo, ya te aviso de que esta idea la vas a leer continuamente, para que se te quede bien clara: no esperes más, ¡empieza ya! Haz, no te pares nunca ¡No esperes a tenerlo todo! Primero porque caerás en la parálisis por el análisis; segundo, porque hay cosas que solo se pueden descubrir «haciendo».

Mi consejo siempre será: ¡haz!

Las cuatro dimensiones del ser humano

Todo ser humano se compone de cuatro grandes dimensiones. Tradicionalmente se han venido a establecer diferentes clasificaciones. Yo tomo la propuesta de un maestro cuya escuela he conocido y cuya clasificación me parece precisa, a saber: espiritual, mental, material y física.

La evolución de toda persona pasa por el crecimiento en cada una de estas dimensiones. Lo podríamos expresar con la siguiente afirmación: «alcanzar el ejercicio de la libertad total desde la libertad espiritual, la libertad mental, la libertad material y la libertad física».

Veamos en qué consisten cada una de estas:

Espiritual

Por espiritualidad vamos a entender la dimensión trascendente del ser humano. Es la dimensión que nos conecta con nuestra propia esencia, con nuestra naturaleza divina como parte del Todo al cual pertenecemos. Podríamos decir que somos «almas encarnadas» en un cuerpo físico. Fruto de esa encarnación sufrimos un proceso de «olvido» que nos permite afrontar la vida cual *tabula rasa*, es decir, desde cero. Desde este punto de partida, la vida es un camino cuya gran misión es alcanzar el «recuerdo» de nuestro origen, superar los lastres que la materia impone y permitir que nuestra condición de seres humanos alcance su máxima expresión al permitir que nuestra esencia como de hijos de Dios emane. Para poder nacer a la otra vida, antes hay que morir a la actual. Pero para poder alcanzar esa máxima expresión hay que desprenderse de todo lo que nos lastra. La «muerte» es un símbolo del desprendimiento en vida de nuestros condicionantes. La dualidad corazón-mente, de la cual hablaremos en un apartado dedicado a ella, debe alinearse para lograr que ambos trabajen juntos: el corazón como receptáculo de la Verdad, guía y fuente de Vida, y la mente como potencia creadora y operativa. De aquí emana «el sentido de la vida», nuestro gran proyecto vital, la respuesta a esa gran pregunta de «qué hacemos aquí».

Alguien dijo: «*No somos personas físicas con experiencias espirituales; somos seres espirituales con experiencias físicas*». Recorrer la Vida en la Búsqueda de Dios como origen/destino de Todo, la aceptación y sumisión a Él, el Amor como expresión y Ley de Vida, la Belleza, la Ternura y la Compasión como sus grandes manifestaciones. En palabras de Ibn Arabi, «*Amor al Amor, porque Él es, al tiempo, el Amante, el Bienamado y el Amor mismo*».

Es importante que entendamos que hay diferentes vías para el desarrollo espiritual, algunas más conocidas, otras más «de moda», unas centran su interés en lo fenomenológico, otras en las experiencias sensoriales, etc. No soy yo quien deba abogar por una o por otras, pero sí diré que hay algunas que son verdaderas y otras que no lo son. Una gran virtud que debemos cultivar es el discernimiento, es decir, comprender, distinguir y elegir correctamente. Escucha a tu corazón: él sabe y él te guiará.

Desde esta dimensión espiritual harás crecer tus raíces y tus alas. Alcanzarás la comprensión sobre tu posición en la vida y sobre lo que debes hacer. Aparecerá el mapa de tu vida y el sentido de la **vida** te resultará evidente.

Mental

Se trata de adquirir los conocimientos y las habilidades necesarias para el desempeño de nuestra profesión y vida cotidiana. Con la adquisición de estas habilidades y conocimientos podremos liderarnos a nosotros mismos y a los demás, podremos hablar ese idioma que necesitamos, gestionar de manera eficaz nuestras emociones, etc., para poder estar así en las mejores condiciones posibles de cara afrontar los retos que encontraremos a la hora de cumplir con nuestro **gran sueño**.

Dicho de otra manera, se trataría de que nuestros conocimientos y habilidades estén en consonancia con las demandas y exigencias que el cumplimiento de nuestro **gran sueño** requiere, con el fin de que no «te quedes parado» porque no sabes lo que tienes que saber para dar el siguiente paso.

Lee, estudia, ten una actitud de permeabilidad frente a la adquisición de nuevos conceptos, desarrollo de ideas, cambios de paradigma, etc. Sé curioso, planifica tu sistema educativo, ten criterio propio (no por derecho autoadjudicado, sino desde el conocimiento real de las cosas).

Ser libre de tu mente también implica tener una adecuada gestión de las emociones, de pensamientos limitantes, trabajar las habilidades cognitivas (memoria, atención...). En definitiva, se trata de tener una mente entrenada, desde un punto de vista de *hardware*, pero también llena de contenidos.

Física

En este sentido, estamos hablando de gozar de buena salud, en la medida de lo posible. No hablamos de sanarlo todo porque no siempre será posible. Se trataría más bien de una actitud de promoción de la salud, de cuidado del cuerpo y de adoptar las conductas compensatorias necesarias para que nuestro estado, estando siempre en su máximo potencial, esté adaptado a las necesidades que tengamos.

Nuestro cuerpo es la máquina de la que disponemos para vivir y para poder operar en la vida. Por lo tanto, debemos tenerlo siempre cuidado y en forma para sacarle el máximo rendimiento, y que nuestra actividad no se vea mermada por enfermedades, cansancio, lesiones, etc. Por otro lado, cuando estas se den debemos de ser capaces de aminorar sus consecuencias, de recuperar el estado óptimo si es posible, y si no, de adaptarnos a las nuevas circunstancias, pero siempre sin renunciar, en la medida de lo posible, a nuestro **gran sueño**. Podemos concluir que el cuerpo puede ser un lastre que nos impida y condicione negativamente (como un coche viejo en el cual no podemos confiar porque se avería, es incómodo, etc.) o puede ser una máquina perfectamente preparada y dispuesta para llevarnos a donde nuestra mente (una mente entrenada y al servicio del corazón) disponga.

Son muchos los cuidados y atenciones que precisa el cuerpo: contacto con otros, el aseo e higiene personal, el descanso, el confort térmico, la alimentación, el deporte... Llevar una vida sana y que esté dirigida a la promoción de la salud es mucho más sencillo de lo que puede parecer, pero exige en primer lugar formación, ya que hay mucha información que debemos adquirir y/o corregir; exige disciplina, ya que nos toca cambiar hábitos, y ¿habrá algo más determinante y privado que lo que hacemos todos los días?

Pon a tu cuerpo al servicio de tu **gran sueño**.

Material

Por dimensión material vamos a considerar que los recursos que necesitamos para la vida estén a nuestra disposición. Puede parecer un tema demasiado «terrenal», pero en realidad no lo es. Pensemos que, por un lado, debemos estar bien provistos de lo necesario. Si no dispongo de las herramientas diarias para mi trabajo, de una calefacción, etc., mi foco atencional estará muy centrado ahí. Pensemos que el foco atencional tiene en nuestras necesidades un gran distractor. Si tengo hambre, ¿dónde está mi atención? En la medida en que tengamos una mente entrenada para ser capaces de focalizar la atención, no tanto en necesidades como en sueños, en la medida en que tenga mis necesidades cubiertas, mis recursos estarán más disponibles para otros menesteres. Merece la pena señalar que el desapego debe marcar en todo momento este aspecto. Procurémonos todo lo que necesitemos, sí, pero entendiendo el valor instrumental de estos medios. Por otro lado, no es un tema menor por cuanto puede ser una manifestación de nuestro «estar en el mundo». En primer lugar, revelará mi capacidad para proveerme de recursos. En segundo lugar, revelará aspectos a nivel emocional, mi capacidad para adaptarme a las necesidades, mi comprensión acerca de lo material, mi nivel de merecimiento, etc.

Vivimos en un mundo donde todo lo material tiene precio y ese precio se paga, salvo excepciones, con dinero. Por lo tanto, desde esta concepción basada en el desapego, debemos plantearnos alcanzar la libertad financiera; es decir, que el dinero no sea un obstáculo en nuestro día a día. Sabemos que el dinero no lo paga todo y no estoy diciendo lo contrario, pero para todo lo que el dinero sí paga, debemos contar con el que precisemos. Esa comodidad financiera permitirá que mantengamos el foco atencional en nuestro **gran sueño**.

Por lo tanto, nuestro plan de acción debe contemplar de manera inequívoca el objetivo de alcanzar, en primer lugar, una comodidad financiera que nos permita proveernos de todos los recursos que necesitemos. Posteriormente podemos buscar la libertad financiera, entendida como alcanzar el nivel financiero necesario para que tiempo y dinero no sean un problema en nuestra vida. Quizás te sorprenda que hable de tiempo en este apartado y lo relacione con el dinero, pero dime una cosa: ¿qué hacemos gran parte de nuestra vida sino invertir tiempo en ganar dinero?

Según Pepe Mujica, *«pagamos las cosas con el tiempo que invertimos en ganar el dinero que usamos para comprar las cosas»*. ¿De qué sirve que te invite a ser libre, si en este sentido ser financieramente libre te va a suponer tener un trabajo y/o negocio que te consuma todo el tiempo, energía y salud?

Libertad financiera es tener lo que necesitas y tiempo para vivir tu **gran sueño**.

Si lo pensamos, las cuatro dimensiones están profunda y directamente interconectadas entre sí, son inseparables. El mundo espiritual se podrá desarrollar mejor si tengo los medios para poder concentrar mi energía en un trabajo espiritual o en lecturas de los grandes sabios y maestros de la historia de la Humanidad, pero al tiempo, la consecución de estos medios será la prueba de que nos tratamos con amor. Por lo tanto, lo material no tiene por qué parecernos algo superfluo. De igual manera, cultivar las emociones, adquirir habilidades y conocimientos nos permitirán la oportunidad de tener mejores medios materiales por cuanto podré tener mejor profesión, negocio, ingresos, afrontar las exigencias de la vida de una manera más exitosa, etc. Y qué duda cabe que el desarrollo espiritual dará a nuestra vida un revestimiento de amor, paz, compasión, etc., de la cual el resto de áreas y las personas que nos rodean también se verán beneficiados. Por último, todo lo anterior sin un cuerpo sano no sería posible, al tiempo que el autocuidado es otra muestra de autocompasión y evolución.

INFORMACIÓN ADICIONAL

Por la compra de este libro, descárgate de forma gratuita: *Magnet El plan de acción..*

http://www.poderdelaaccion.guiaburros.es/contenido-adicional

El sentido de la vida

Viktor Frankl, en su libro *El hombre en busca de sentido* y en su posterior desarrollo de la llamada «logoterapia», habla de la necesidad de que todo ser humano encuentre el sentido de la vida, esa razón que nos anime a levantarnos cada día y a vivir con un motivo que justifique la vida, nuestro rumbo. Ese sentido es indudablemente individual y cada cual debe encontrar el suyo. Habla también de la *neurosis noótica* como la principal causa de trastornos e infelicidad. La neurosis noótica, no es, ni más ni menos, —por decirlo en términos coloquiales— que la sensación de *estar perdidos*, de no saber qué hacer con nuestra vida, con la infelicidad e insatisfacción que ello conlleva. Según Frankl, esta sería la principal causa de los sentimientos de tristeza, apatía, desilusión, incluso depresión y otras somatizaciones.

Desde un punto de vista ontológico, es decir, del análisis o conocimiento del ser, ese sentido de la vida podríamos considerar que nos es dado. No forma parte del ámbito de las decisiones que podamos tomar. Ya sea porque son innatas (genéticas), ya sea porque son aprendidas en la primera infancia, ya sea porque tengan que ver con un designio de orden espiritual, lo cierto es que en el momento actual de nuestra vida, no tenemos capacidad de transformar ese sentido. Por lo tanto, en la medida en que aceptemos que esto es así, averigüemos en qué consiste para cada uno de nosotros y nos pongamos manos a la obra para alcanzarlo, calmaremos esa inquietud que nos aborda cuando vivimos alejados de nuestro camino.

Si te parece, vamos a establecer una identificación entre este concepto y el **gran sueño**, de tal manera que podamos afirmar que, en la medida en que encontremos ese sentido de la vida y avancemos por esta desde este camino, podremos alcanzar ese v y viceversa; es decir, que en la medida en que cumpla mi **gran sueño**, estaré dándole sentido a mi vida.

Lo importante es que tengamos claro —como decíamos antes— que en este sentido, el **gran sueño** no es un destino, sino el camino que debemos recorrer. Tiene que ver con nuestra posición frente a la vida, a dónde dirigimos nuestro foco atencional, para qué hacemos las cosas que hacemos, con quién compartimos el tiempo, proyectos y un largo etcétera.

Para terminar este apartado, quiero que hagamos juntos la siguiente reflexión: si vivo la vida en función de los designios de mi **gran sueño**, en realidad, ¿qué más me da el resultado de mis acciones? Quiero decir que, una vez que la vida ha cobrado sentido porque estoy viviéndola como quiero vivirla, nos desprendemos del resultado.

Lo ilustro con un ejemplo:

Imaginemos que mi **gran sueño** es vivir la vida con una actitud de servicio que permita a los que me rodean crecer y ser más felices. Para ello decido que quiero ser bombero, lo cual me permitirá vivir al servicio de la sociedad, al tiempo que la cantidad de horas libres (bien merecidas) entre turno y turno, me permitirán participar de actividades de ayuda, etc. Bien, supongamos que en ese estado de cosas decido montar un negocio, empiezo una relación o cualquier otro proyecto, y estos fracasan. La pregunta que yo me hago es: una vez que ya vivo la vida que quiero vivir y ayudo a los demás, ese fracaso, ¿afectará a mi **gran sueño**? Si mi vida de servicio a los demás ya le está dando sentido a mi vida, ¿qué me importa el resultado de mis acciones? Yo ya estoy recorriendo el camino que quiero recorrer y como lo quiero recorrer, el resto no es importante, desde este plano.

Más adelante diferenciaremos entre el plano material (mental) y el **gran sueño** (corazón). Desde un punto de vista material, el resultado sí es importante. Y es que, como decía, el **gran sueño** debe guiar nuestra vida. Y claro que debemos tener presente la dimensión más «terrenal» (material); por lo tanto, deberemos tener una profesión, quién sabe si emprender, llevar una vida con unos objetivos, etc. Puede ocurrir que en este plano no consigamos lo que nos proponemos (nuestro negocio no funcione, no encuentre mi trabajo ideal, no tenga la casa de mis sueños o la pareja que necesito), pero dado que estoy viviendo la vida que quiero vivir, esto se convierte en accesorio. Si entendemos que este plano, normalmente controlado por la mente, es operativo, y que debe estar al servicio del corazón, lugar en el que reside el **gran sueño**, entenderemos que el resultado no es importante. Claro que necesitamos los medios para vivir, y en mi propuesta ya he dicho que así debe ser, pero estos medios son solo eso, medios al servicio de nuestro propósito. En caso de que fallen, siempre podremos seguir viviendo la Vida según nuestro **gran sueño** mientras volvemos a buscar los medios: nuestro sentido de la vida seguirá intacto.

La libertad

En una ocasión hablaba con una persona muy sabia sobre estas cosas y le pedí que me hablara sobre la libertad.

Más o menos, esta fue su respuesta:

«David, pensemos en el juego del ajedrez. En este juego hay un tablero que es el que es y no se puede modificar, hay unas piezas que son las que son y no se pueden modificar, hay unas reglas que son las que son y, adivina qué... ¡No se pueden modificar! Además, ocurre que hay un adversario que también quiere ganar la partida y que hará lo imposible por hacerlo, y por último, hay un juez que velará porque todo trascurra como debe trascurrir. A partir de ahí, eres libre de jugar la partida que quieras, dentro de tus capacidades».

Vemos entonces que, efectivamente, somos libres dentro de una libertad condicionada. Las leyes de la naturaleza, nuestra estatura, aspectos socioeconómicos, etc., imponen ciertos condicionantes, los cuales son insalvables (yo no puedo mover un árbol de 300 kg o no debo coger algo que no es mío, debo competir por el mismo puesto de trabajo, la misma pareja, etc.). Pero por muy bien preparado que uno esté, nunca debemos olvidar que hay un contrincante. Y esto tiene una primera implicación:

El resultado no nos pertenece.

Pensemos en el ejemplo del ajedrez: el contrincante representa todo el mundo exterior, todo aquello que queda fuera de nuestro ámbito de poder. Por muy bien que yo haga las cosas, pueden darse las circunstancias necesarias para que mis actos no tengan los resultados esperados sin que ello signifique que mis actos no eran los adecuados. Pero puede ocurrir justo todo lo contrario. Se puede dar la circunstancia de que, en ocasiones en las que no lo tenía todo a mi favor o que no he puesto tanto empeño en algo, de repente y sin saber por qué me encuentre con que el resultado supera con creces mis expectativas.

¿Qué hacemos entonces?

En primer lugar, debemos aceptar que el resultado no nos pertenece, sin que ello signifique que no debemos esforzarnos. Tú haz lo que tienes que hacer porque además ese «lo que tienes que hacer» es lo que le da sentido a la vida. Por lo tanto, por el mero hecho de estar haciéndolo ya estarás en el camino correcto.

En segundo lugar, desprendámonos del resultado. Como decía en el apartado anterior, ¿qué más da el resultado si ya estás recorriendo el camino que quieres recorrer?

Vamos a ilustrar lo dicho hasta aquí con un ejemplo, y para que el ejemplo sea preciso voy a usar mi propia historia.

En mitad de mi insatisfacción, falta de ilusión y perspectivas positivas en mi vida, decido cambiar por completo de vida. Averiguo cuál es mi **gran sueño** *(quiero ayudar a construir un mundo mejor) y empiezo a vivir según él (empiezo a dar conferencias, a escribir en mi* blog, *diseño un método de trabajo para ayudar a las personas a cambiar sus vidas, etc.). Hace unas semanas di mi última conferencia. ¿Crees que me importaba cuántas personas iba a haber? ¡Yo ya vivo mi* **gran sueño,** *hice mi trabajo, me preparé...! El resultado ya no me importa porque ya tengo el que quiero. Por otro lado, pensemos que*

podría haber habido partido de champions, *brote de gripe, atasco…
o la intervención de un «juez que observa mi jugada» y que, de pronto,
considera que no es por ahí o que considera que sí es por ahí… Y frente
a eso, ¿qué puedo hacer yo? Todas estas variables, sin que yo pueda
intervenir en ellas, pudieron haber influido en la afluencia de más o
menos público.*

*Lo cierto es que la sala se llenó, pero no me hizo sentir mejor que
cuando la sala estaba vacía. Terminé con la misma sensación de haber
hecho un buen trabajo y de estar haciendo de mi vida una historia
digna de ese contada.*

La realidad es que somos libres y que debemos ejercer esa
libertad con responsabilidad, con alegría y sin permitir que
el miedo nos paralice.

Solo debemos tener presente que hay cosas sobre las
que podemos influir, cosas que están en nuestro ámbito
de actuación y cosas que no lo están. Desde esa libertad
y responsabilidad de la que hablo, debemos afrontar la
vida haciéndonos cargo de lo que sí depende de nosotros,
aceptando lo que no depende de nosotros y libres de toda
expectativa hacia el resultado.

Quiero insistir: si hacemos lo que tenemos que hacer,
estaremos haciendo que la posibilidad de que el resultado
sea el que necesitamos, desde un punto de vista operativo,
aumente. Pero no será sinónimo de que vaya a ocurrir y
será independiente nuestro sentido de la vida.

Corazón y mente

Existe mucha confusión respecto a estos dos conceptos y mucha más sobre la manera en que ambas deben relacionarse.

Se ha impuesto una visión según la cual en el corazón residen las emociones, y la cabeza (mente) es la juiciosa que tiene que andar guiando, protegiendo y rescatando al corazón, pues con cada decisión que tomamos en la que dejamos que las emociones intervengan, «metemos la pata».

Pues bien, ocurre justo lo contrario. Para empezar, las emociones no residen en el corazón, sino que residen en la mente. Tampoco es cierto que las emociones sean «malas consejeras». Lo que ocurre es que las emociones son difíciles de controlar, y eso hace que no siempre actuemos de la manera más deseable. Por otro lado, cabría preguntarse: ¿«deseable» para quién y con qué criterio? Pero empecemos por el corazón.

En el **corazón** reside la esencia de lo que somos, nuestros anhelos más profundos, el conocimiento real de lo absoluto y por lo tanto nuestro sueño. Desde un punto de vista espiritual, es el receptáculo del alma y por lo tanto el lugar desde el que se produce la encarnación de ese ser que somos antes de nacer. El corazón alberga también la inocencia, lo más puro de la propia existencia, y es el punto de encuentro entre lo humano y lo divino. Entre sus capacidades están la intuición, el recuerdo, etc. Es en el corazón donde reside el sentido de la vida desde el cual emana el sueño. Por lo tanto, «**hacer de nuestra vida una historia digna de ser**

contada» implica vivir desde el corazón, atender sus designios y ponerse a disposición de él.

La **mente**, en cambio, no es más que un proceso, un complejo y sofisticado sistema de tratamiento de información. Sin embargo, la mente también ha sido maltratada, y en ciertos círculos hablar de lo mental es hablar de algo de segunda categoría, lo cual es por completo un error. Nadie, creo, criticaría a la digestión o a la respiración; son igual que la mente, dos funciones al servicio de nuestro cuerpo, de nuestra vida. Es cierto que la mente, por su necesidad de controlarlo todo, también tenderá a controlarnos a nosotros, en la medida en que no la tengamos bien entrenada. Además, este control estará guiado por factores, procesos y esquemas en su mayor parte inconscientes, y por lo tanto fuera de nuestra capacidad de control. Por lo tanto si ese *software* es el que controla nuestra vida y no es un *software* consciente, ¿sabemos lo que realmente hay en él? ¿Tenemos la certeza de que esos «programas» están en buen estado? En ese «programa» se va grabando nuestra vida en función de nuestras experiencias, vividas o aprendidas (aprendizaje vicario, educación, etc.). Por lo tanto, puede ocurrir —y de hecho ocurre en la inmensa mayoría de las personas— que esa programación esté dañada, llena de virus, etc. Así, nuestros miedos, nuestra incapacidad para usar la emoción correcta en función de las exigencias de la situación, nuestras propias limitaciones en habilidades intelectuales, sociales, capacidades técnicas, etc., determinarán el funcionamiento de nuestra mente y, por ende, el desarrollo de nuestra vida.

Pero una mente entrenada, con todo su potencial creativo, de procesamiento de la información, de categorización, etc., y puesta a disposición de un corazón puro, dará como resultado una existencia en plenitud, paz, armonía y disposición, una persona que usará sus talentos y los pondrá al servicio de una vida en plenitud. Para ello debemos, por lo tanto, entrenar nuestra mente. Si recordamos lo que decíamos al respecto de la mente, cuando hablaba de las dimensiones del ser humano, debemos ser libres de nuestra mente, ponerla en su lugar de servicio a la vida, de nuestra vida, y no dejarla que ocupe el lugar del «capitán del barco».

Por lo tanto, el gran éxito desde un punto de vista de la evolución como ser humano, es que nuestra vida esté guiada por el corazón y nuestra conducta por la mente, debiendo estar la conducta (mente) sometida a los designios del corazón. Es decir, la mente se debe de encargar de que nuestra conducta esté dirigida al cumplimiento de los designios del corazón. A estos designios los vamos a llamar sueños.

De esta manera, si vivimos desde el corazón en el camino marcado por nuestro **gran sueño**, ¿qué más da el resultado? Ya estoy recorriendo el camino que quiero recorrer. Al corazón no le importa el resultado, porque lo único que le importa, en este sentido, es vivir en consonancia con nuestra esencia, y eso ya lo ha conseguido. Es a la mente a la que le debe importar el resultado, desde un punto de vista operativo, ya que es la encargada de proveer recursos, resolver problemas, etc. Por eso es necesario prepararse al máximo en las cuatro dimensiones de las que hablábamos antes, para poder ponerlo todo al servicio del corazón. Pero insisto, si vives desde el corazón, si estás recorriendo la senda de la vida con tu **gran sueño** como guía, los fracasos no importan, son solo obstáculos que debemos resolver. Desde esta óptica el error es una consecuencia natural de la libertad y el fracaso deja de tener importancia.

El error se convierte en un factor de corrección que nos da la posibilidad de reparar el daño causado, de volver a elegir el camino, los medios, de pedir perdón y de aceptar, una vez más, que el resultado no nos pertenece.

Si a esto le añadimos una mirada autocompasiva entenderemos que todo está bien. Personalmente, no creo esa afirmación que dice que hicimos lo que hicimos porque no supimos hacerlo mejor. Yo creo que siempre tenemos la oportunidad de hacerlo bien. Si actuamos desde el corazón, elegiremos la mejor opción; si ponemos los medios necesarios será suficiente, porque —repito— ya no importará el resultado, importará que «de corazón» hicimos lo único que podíamos haber hecho. Piensa en algo que has hecho alguna vez de corazón y que no salió como esperabas. ¿No tienes una sensación de paz, a pesar del fracaso?

Desde un punto de vista (mental) operativo, claro que podemos mejorar —y debemos hacerlo—, pero desde el punto de vista del corazón lo único que podemos mejorar es nuestra capacidad para atenderle (sigue siendo operativo/mental), porque él ya sabe. Por lo tanto, desde esta mirada autocompasiva a la que me refería, nos veremos libres de toda culpa, merecedores de todo nuestro amor con indiferencia de nuestros logros, libres del yugo del resultado, indiferentes a la autocrítica y a la crítica de otros, pero impelidos a ser nuestra mejor versión.

El miedo

____________, estoy seguro de que sabes mucho acerca de la palabra miedo. Estamos acostumbrados a usarla, a escucharla, a echarle la culpa al miedo de nuestros bloqueos, reacciones no adaptativas... Pero, ¿estás seguro de que sabes lo que es el miedo y de la importancia de su función?

Si te parece, vamos a dedicar este apartado a hablar de este tema.

Sobre el miedo hay muchísima literatura; puedes leer y aprender mucho. Pensemos que el miedo es solo una emoción, con la misma importancia para la vida y la supervivencia, ni más ni menos, que las otras tres emociones básicas (alegría, tristeza, rabia); por lo tanto, no tiene entidad como tal. Si vemos un perro que nos amenaza y sentimos miedo, tengamos presente que el peligro, la amenaza, es el perro, no el miedo. El miedo es solo una señal que activa una serie de patrones de respuesta. Por lo tanto, como ocurre con el hambre, es una información que nuestro sistema nervioso produce para que la tengamos en cuenta y actuemos en consecuencia después de evaluar la situación. Podríamos decirlo de una manera muy simple:

El miedo es solo una señal de aviso.

Pero tendemos a no evaluar nada; hemos aceptado el poder del miedo para determinar nuestras reacciones sin pararnos antes a respirar, analizar y decidir conscientemente, de tal manera que ante cualquier señal amenazante dejamos que el miedo intervenga, se haga con las riendas de nuestra vida y entonces activamos todo el arsenal de respuestas a nuestra disposición (parálisis/evitación, huida, ataque, ansiedad...). Y es que le hemos dado al miedo el derecho a ocupar el timón de nuestra vida cuando él quiera, de tal manera que ya es una suerte de «interventor judicial» con plenos poderes para llegar y hacerse cargo de todo, sin que nosotros cuestionemos nada. Sería algo así como: tengo miedo, me paro, no lo intento, me cruzo de acera, no llamo, salgo corriendo, etc. ¡Y no nos cuestionamos que es solo un aviso que no debemos desoír pero sí podemos desobedecer!

Pensemos que si el miedo es solo un aviso podemos desoírlo, ¿verdad? Igual que puedo oír la señal del despertador y desobedecer su mandato de levantarme, puedo no hacer caso a la señal del miedo. Por lo tanto, no se trata tanto de eliminar el miedo, algo que ni podemos ni debemos hacer, dada la importancia que tiene para la supervivencia. Se trata más bien de actuar a pesar del miedo. Parece que se impone una visión sobre el tema, con mensajes del estilo: «no tengas miedo». A ese respecto tenemos que hacer las siguientes consideraciones:

- El miedo es algo natural, adaptativo y sano. Gracias al miedo tenemos información de los posibles riesgos que nos pueden acechar. Por lo tanto, tiene una función de protección.

- El miedo es solo una señal de alerta. Ya lo decíamos antes: ante una señal, somos libres de actuar de una manera u otra.

- También hemos comentado que las grandes gestas se han hecho acompañadas de grandes dosis de miedo. La clave es no dejar que el miedo te paralice.

Podemos reformular la afirmación anterior «no tengas miedo» por «vence tus miedos», «supera tus miedos» o esa frase que he hecho propia: «Hazlo; y si te da miedo, hazlo con miedo».

Para continuar con el miedo quiero introducir otra aclaración: tendemos a establecer una relación inequívoca entre miedo e inacción, como si el miedo fuera la causa última que provocara nuestra falta de acción. Creo más bien que el miedo es en muchas ocasiones consecuencia de una causa anterior, y en este sentido el miedo solo se activa —recordemos— a modo de señal de alerta, para protegernos.

Las causas que pueden hacer activar una respuesta de miedo como bloqueadora de la conducta, pueden ser diversa naturaleza:

- **Emocional**: un pensamiento limitante que provoque una parálisis directamente sin que el miedo intervenga. Por ejemplo: «no me lo merezco». Este pensamiento, libre de miedo, hará que no hagamos ningún esfuerzo para conseguir algo que queremos conseguir, sin que el miedo haya intervenido.

- **Cognitiva**: la evaluación (inconsciente o consciente) de que no podemos/sabemos hacer algo. Si quiero ser campeona olímpica de gimnasia rítmica pero tengo unas características físicas que me lo impiden (alteración cardiaca), haré una evaluación, libre de miedo, real y objetiva, y eso provocará una parálisis. Puede ocurrir que en mi trabajo haya una vacante para una posición en el extranjero, y mi nivel del idioma nativo no sea el necesario. Nuevamente, sin miedo, habrá un bloqueo de la acción. Vemos que, en realidad, este pensamiento es real (todo pensamiento es real, me refiero al juicio que encierra). No nos han enseñado a ser emprendedores, a «dejarlo y todo y encontrar un plan b», a afrontar situaciones, etc. O quizás no contemos en nuestro repertorio básico de conductas (RBC) con aquellas habilidades y/o conocimientos necesarios. Por lo tanto, un juicio «realista» de esa situación conllevará una parálisis. Sí, ____________, ya sé lo que estás pensando. ¡Y tienes razón! Que no cuente, en el momento actual, con esa habilidad y/o conocimiento, no quiere decir que no pueda ponerme a ello y por lo tanto puede ser causa (motivación) para la acción dirigida a la adquisición y/o desarrollo de esta habilidad/conocimiento, demorando la acción dirigida a lo que realmente persigo, hasta que este proceso me permita tener la preparación necesaria para afrontar el reto que me proponía. Pero lo cierto es que esa postergación ya es parálisis; solo temporal, pero lo es, y vemos que el miedo no está interviniendo (sí, también es cierto que el miedo al fracaso puede estar flotando, pero si no sabes inglés, con miedo o sin miedo no te puedes ir a trabajar a Londres a ser profesor de conversación en inglés).

¿Qué ocurre con el miedo? ¿Por qué está tan denostado? ¿Por qué le echamos la culpa de todo y nos juzgamos a nosotros mismos por sentirlo?

Una posible respuesta es que estamos bombardeados con historias de éxito y valentía que, en muchas ocasiones, nos hacen sentir aún peor, porque nunca nos dicen que ese héroe, antes de haberlo conseguido, se pasó «x meses» llorando por las esquinas hasta que encontró la manera, la fuerza y el ánimo necesarios para hacer su gran gesta. Creo profundamente que debemos conocer esas historias por el valor inspirador que tienen, pero a veces están contadas en un tono épico que oculta el dolor, el miedo o la frustración que también esas personas sintieron. Por otro lado, superar «episodios críticos» exige de una serie de recursos con los que podemos contar o no. Si no contamos con ellos, o contábamos con ellos pero han quedado anulados por la situación (podía andar pero un accidente me dejó sin movilidad; sabía hablar pero un *shock* me dejó sin habla; podía afrontar cualquier situación, pero un dolor enorme me dejó sin esta capacidad), es imposible que la afrontemos con éxito. Las personas que tienen estas historias de éxito han podido afrontarlas por dos motivos: la primera es obvia, contaban en su arsenal de recursos con la habilidad/conocimiento necesario. La segunda es que no contaban con esta habilidad/conocimiento, pero siguieron y recorrieron el camino necesario para estar preparados.

Por lo tanto, no; el éxito no es de los valientes, de los fuertes, de los que ocultan su dolor, etc. El éxito es de aquellos que a pesar del dolor, del miedo, de la frustración, etc., siguen caminando, y fruto de ese recorrido desarrollan la capacidad que no tenían y que les permite superar los obstáculos. Recordémoslo siempre: el éxito alcanzado es consecuencia de haber recorrido un camino: ¡persistencia!

Evidentemente, lo primero que debemos hacer es tomar la decisión de querer recorrer ese camino, pero la decisión, siendo condición necesaria, no es suficiente.

Quizás te interesa saber cómo actúa el miedo. Si es así, sigue leyendo.

Ante un determinado estímulo (interno o externo), se produce una señal de alerta. Esta señal de alerta vendrá de la evaluación de que ese estímulo es amenazante. Las causas de esta evaluación son múltiples: porque este estímulo (situación) es desconocido, porque lo identificamos como algo que en otro momento de la vida nos causó un daño, porque lo tenemos identificado, por aprendizaje vicario (observación) como algo amenazante, etc. También existen miedos que podríamos llamar «universales», un fuerte ruido, un animal que se acerca... Observa que entonces no siempre los miedos aparecen como consecuencia de vivencias previas. El tema es complejo, porque en ocasiones vivimos episodios que han generado un daño real, pero que no dejan una huella en forma de miedo; un ejemplo de ello es un niño que aprendiendo a andar, tiene continuas caídas y golpes. Hay un daño real, pero nadie cesa en su intento por aprender a andar. En cambio, ocurre que hay situaciones por las que nunca hemos pasado y sí que nos producen miedo «por si acaso»; o lo más curioso, situaciones por la que hemos pasado en muchas ocasiones, nunca ha pasado nada, pero igualmente nos siguen dando miedo.

Una vez esa señal de alerta actúa, el organismo genera una serie de respuestas, fundamentalmente fisiológicas y motoras (aceleración del pulso, dilatación de las pupilas, tensión muscular, preparación de las extremidades para el ataque y/o huida, etc.), pero también cognitivas, como las autoverbalizaciones del tipo «no puedo», «no soy capaz», «me va a doler», etc. Y en este punto reside el verdadero éxito, porque también me puedo decir: «no pasa nada», «lo conseguiré otra vez», etc.

En la medida en que seamos capaces de influir en esta fase reduciendo la respuesta inhibidora, mayor será la probabilidad de que nuestra conducta no cese. Pensemos que, una vez que «mi sistema» determina que estoy en una situación amenazante, todo lo demás se interrumpe, o al menos ve cómo los recursos a su disposición se reducen porque el organismo precisa el máximo de energía y atención para enfrentar aquello que ha considerado como amenazante (sea objetivamente amenazante o no).

Lo que normalmente ocurre es que vivimos bajo ese estado continuado de miedo, llegando en ocasiones a eso que se ha llamado «secuestro amigdalino». Ocurre entonces que todo lo evaluamos como amenazante; por eso ante un saludo diferente al que esperamos, una mala maniobra de otro coche por la carretera, una broma sin mayor importancia, etc., respondemos con la ira que nuestro sistema de defensa tiene para defendernos. En ese estado, todo el cuerpo está en fase de alerta ante la amenaza, los procesos creativos se aminoran o suspenden, la empatía, la alegría, etc., pasan a segundo plano... ¡estamos siendo atacados y lo único importante es la supervivencia!

Ante este escenario, ¿cómo vamos a emprender, cómo vamos a tomar conciencia de que la vida pasa? Solo pensamos en defendernos/atacar, y todo lo demás pasa a segundo plano.

Abro aquí un paréntesis para hacer una precisión terminológica:

— **Diferencia entre miedo y fobia**: una fobia es un miedo irracional, en el sentido de que no hay una amenaza real. Por ejemplo, una cucaracha nos puede dar mucho miedo, pero la realidad es que una cucaracha no supone ningún riesgo. En cambio el miedo, que también puede ser irracional en tanto que no siempre la amenaza será real, sí tiene un componente de realidad. Si veo un perro de grandes dimensiones correr hacia mí, es normal tener miedo, pues el riesgo de ser mordido es real. El miedo a hablar en público es también algo, además de frecuente, que podemos considerar adaptativo (dentro de unos límites), dado que nos exponemos al juicio, a la crítica, arriesgamos nuestro prestigio, etc.

Y ahora, ¿ves el miedo de otra manera? ¿Cómo te ves respecto a tus proyectos? ¿Cómo te ves respecto a tu **gran sueño**?

Desde el modelo que propongo, desde esta concepción del miedo, ¿qué más necesitas para ponerte manos a la obra y hacer de tu vida una historia digna de ser contada?

Piensa que, por un lado, como venimos diciendo, desde la certeza de que estoy siguiendo mi camino, de que el resultado no importa, de que el resultado no me pertenece, de que el error es algo natural que me ofrece grandes oportunidades vía corrección, de que soy merecedor de amor y respeto, sin importar el resultado..., desde estas certezas, ¿dónde cabe el miedo? Cabría preguntarse: miedo... ¿a qué? Y aun cuando aparezca, debemos entender que es normal, que es solo una señal y que debemos seguir adelante a pesar de él.

Por lo tanto, y a modo de resumen de todo lo que llevamos visto, entrena tu mente para que sirva a tu corazón, entrena las cuatro áreas que componen a todo ser humano (espiritual, mental, física y material) para que no sean un obstáculo en el ejercicio de tu libertad, y entonces podrás cumplir con tu **gran sueño**. Vive la vida desde tu sueño, desapégate del resultado, acepta que siempre puedes hacerlo mejor y trátate con compasión.

Quiero acabar este apartado dándole las gracias al miedo por haber cuidado de mí durante todos estos años, por ser ese aliado incansable que me acompaña y me protege, que me alerta y me prepara para la vida.

¡Gracias, miedo! Y perdóname si he sido injusto contigo. No he sabido entenderte; gracias a ti estoy vivo, gracias a ti estoy preparado, gracias a ti soy una persona capaz de tomar las riendas de mi vida. Ahora deja que las tome, estoy listo para hacerlo, gracias de todo corazón.

El foco atencional

Por último, vamos a hablar sobre este poderoso proceso. La atención es el proceso psicológico básico a través del cual nos orientamos hacia un estímulo (interno o externo), poniendo nuestros recursos a disposición del procesamiento de la información que este estímulo genera. Por lo tanto, donde pongamos nuestra atención, estará nuestro potencial.

De entrada, aquello que no atendemos no existe para nuestra mente. Aquí tenemos la primera clave: «somos constructores de nuestra realidad», toda vez que esta realidad está definida, en primer lugar, por aquellos aspectos de la realidad a los que nosotros atendemos. Una vez hemos atendido algo, desatendiendo lo demás, ese estímulo será procesado en función de «nuestra propia mirada de las cosas». En la medida en que esa mirada sea lo más objetiva posible, nuestras percepciones y juicios estarán más cercanos a la verdad de las cosas y no a una realidad subjetiva y errónea.

Cuando hablaba de la mente decía que es solo un conjunto de programas de procesamiento de la información con capacidad para responder. Pero debemos tener presente que este *software* es poderosísimo. Este poder reside en la capacidad que tenemos para imaginar, crear, resolver problemas, planificar, etc. Pues bien, todo este potencial está siempre focalizado en el contenido de nuestro foco atencional.

La frase «crear tu realidad» se refiere fundamentalmente a dirigir nuestro foco atencional de una manera consciente, hacia donde nosotros queramos. Dado que cada cual prestará atención a unos ámbitos de la realidad concretos y la información que reciba será sometida a sus propios *a priori* como lo definiría E. Kant, entendiendo por esto —por simplificarlo mucho— nuestra subjetividad, cada cual hará una construcción subjetiva de la realidad. Pero tenemos el poder de crear nuestra realidad y hacerla lo más objetiva posible y lo más «útil» posible, si elegimos bien dónde ponemos nuestra atención.

Tengo que decirte que si por «crea tu realidad» esperabas que te dijera que tenemos el poder de influir sobre el universo o de modificar sus leyes, tal cosa no va a suceder. Crear tu realidad significa que uses tu voluntad para ubicar tu foco atencional donde corresponda, y tu discernimiento y todo el potencial cognoscitivo del que dispones para que tu construcción (interior) del mundo sea siempre objetiva, y luego que te ayude a resolver tu gran reto: Hacer de tu vida una historia digna de ser contada.

Hasta aquí una espero que breve e interesante introducción a una serie de conceptos e ideas. Si te parece, vamos a seguir avanzando, vamos a terminar de desglosar los conceptos más importantes, describiremos las fases que conducen a la acción y presentaremos un modelo con unos sencillos ejercicios.

Pues no perdamos un segundo más y... ¡pasemos a la acción!

El poder de un sueño: la intención

Ya hemos hablado de la importancia del sueño como fuerza motriz, como esa fuente de motivación que nos debe empujar a la acción. Es lo que yo llamo el poder de un sueño. Para un ser humano la mayor fuente de energía dirigida a la acción es sin duda la que emana de sus sueños. Pero aquí vamos a hablar de ese **gran sueño** que le da sentido a tu vida. Esa energía proviene directamente del corazón y genera una intención. La intención es la capacidad que tenemos de enfocarnos en algo y hacer que ocurra.

Si queremos activar este poder, el planteamiento que debemos tener es el siguiente:

- Identificar nuestro **gran sueño**, aquello que le da sentido a nuestra vida.
- Identificar la manera de vivir que mejor se adapta a ese **gran sueño** para desatar el poder creativo de la intención.
- Vivir la vida en función de ese **gran sueño**.

Decíamos en el capítulo anterior que el sueño, en realidad, no es tanto una meta como un camino. Mi **gran sueño**, desde esta óptica, es el que define mi gran obra en la vida, no entendida en términos materiales, sino en términos de manera de estar en la vida que genera un legado.

Llegado este punto, es interesante que hagamos juntos una reflexión que he estado demorando hasta este momento.

Querido lector, quizás te estás haciendo una pregunta porque no acabas de estar de acuerdo con lo que lees, o no acabas de comprender lo que quiero decir cuando me refiero al sueño.

¿Cómo que el sueño es una manera de vivir?

Ha llegado el momento de aclararte a qué me refiero. En realidad, podemos distinguir entre el **gran sueño**, entendido como el sentido de la vida, y esos sueños entendidos en términos de éxito o consecución de logros.

Si te parece vamos a retomar el ejemplo del que hablamos antes.

Supongamos que, como decíamos, mi **gran sueño** sea vivir una vida de servicio y ayuda a los demás. Vivir así es lo que le daría sentido a mi vida. Pero vivir así tiene muchas maneras de implantarse desde un punto de vista «terrenal»: puedo ser un empleado normal de un trabajo normal que emplea todo su tiempo libre en actividades solidarias; puedo ser, como decía, bombero; puedo ser orador y destinar todo mi tiempo, esfuerzo y pasión a tratar de inspirar a otras personas... Como vemos, en todos los casos estaríamos dándole a nuestra vida un sentido, o viviendo la vida según el sentido que tiene para nosotros.

Podríamos decir que cumplir mi sueño de ser bombero me permite, en realidad, cumplir con mi **gran sueño**. Por lo tanto, es la manera que yo tengo de vehicular mi vida en función de ese **gran sueño**. Así, vemos que mientras que ser bombero es utilitario y un objetivo en sí mismo, que se puede conseguir o no, tiene un inicio (apruebo la oposición al cuerpo de bomberos) y un fin (me jubilo), etc., mi **gran**

sueño no acaba mientras yo viva... Podríamos decir que ser bombero es el vehículo y vivir una vida de servicio a los demás sería la carretera, una carretera que no acabaría nunca. Es precisamente recorrer esta carretera lo que haría de nuestra vida una historia digna de ser contada.

En muchas ocasiones, en charlas, coloquios o consulta, las personas me preguntan cómo identificar ese **gran sueño**. En este sentido, voy a proponer dos estrategias.

En primer lugar, podríamos tratar de preguntarle a ese niño que un día fuimos qué le gustaba hacer, a qué jugaba, cómo se sentía... Dime __________, ¿a qué huele tu infancia? ¿Quiénes eran esas personas con las que más cómodo, protegido, feliz, te sentías? ¿A qué sabe tu infancia?

¿Recuerdas que ese niño era infatigable? Reía, jugaba, saltaba... ¿A qué te gustaba jugar?

Trata de recordar todas estas cosas y dime una cosa: ¿qué quería ser de mayor ese niño que un día fuiste?

____

____

____

Con este ejercicio trataríamos de traer a la memoria cuantas emociones y recuerdos podamos de tu más tierna infancia, para tratar de detectar qué es lo que ese niño soñaba, y averiguar así cuál es ese **gran sueño**.

En segundo lugar, otra manera que tenemos de abordar este tema complementaria con la anterior es mediante la propia acción. Pensemos que el **gran sueño** —para entendernos— emana del corazón.

¿Cómo se accede al corazón? Tratar de responder a esta cuestión provocaría tantas preguntas y tan complejas que se escapan nuevamente a la intención de este libro. Solamente diré que, dada la complejidad de este «escuchar al corazón» (¿quién escucha, la mente?), ¿tiene una mente *no entrenada* la capacidad de escuchar al corazón sin imponer sus propios designios?

Por lo tanto, lo más efectivo es la acción. No quiero que parezca que la acción es, por ello, una respuesta menor a una cuestión compleja, todo lo contrario. Posiblemente, la gran característica de todo ser vivo sea su capacidad para «hacer cosas».

Acción, hacer cosas sin parar, y en medio de ese «hacer cosas» irás descubriendo si estás donde quieres estar. Es mediante el hacer como uno tiene acceso al ser, y desde el ser podemos hacer con un sentido superior.

Cuando uso la expresión el «poder del sueño» lo que quiero trasmitirte es que, si anclamos nuestra vida y nuestra conducta a nuestro sueño, seremos imparables. Piensa en lo siguiente: en este modelo hemos establecido que viviendo en función del sueño, el resultado no es importante. Hemos hecho la propuesta de que entendamos que el resultado, en realidad, no nos pertenece; hemos dicho que el miedo es solo una emoción que debemos de tratar de manejar y dejar que nos acompañe y proteja, y hemos propuesto que identifiquemos nuestro **gran sueño**, entendido no como una meta, sino como una manera de vivir.

¿Qué te frena para la acción?

Tómate unos instantes para tratar de responder a esta pregunta, trata de identificar qué es lo que te frena.

____

____

____

____

____

¿Has identificado cuál es tu freno? Siguiendo con mi propuesta, una vez hayas identificado lo que te frena solo tienes que hacer una cosa: hazlo; y si te da miedo, hazlo con miedo.

Quizá no te frene el miedo, sino una incapacidad; falta de recursos, habilidades y/o conocimientos. Pues bien, ¿a qué esperas? Hagamos un plan de acción, vamos a ver qué es lo que debemos hacer para poder tener esa libertad que necesitamos para poder desarrollar eso que quieres hacer, pero que no haces porque no sabes/puedes.

Recuerda:

Solo desde el ejercicio de la libertad (física, mental, material y espiritual) podemos hacer aquello que le da sentido a nuestra vida.

Por lo tanto, adquiramos/desarrollemos esa habilidad/conocimiento que nos hace falta y podremos alcanzar el ejercicio de la libertad tan necesario para esa vida con sentido.

Por último, vamos a hablar del poder creativo de la intención. Si recuerdas, al hablar de la mente decía que es un sistema de programas con gran capacidad para resolver problemas desde un punto de vista operativo.

Podríamos decir que la intención es algo similar cuya función emana del corazón, de tal manera que si te conectas con tu corazón y ese **gran sueño** que en él reside, y permites que este guíe tu vida, habrás generado una intención que movilizará todos tus sistemas, enfocando toda tu actividad, toda tu energía y atención a la consecución de lo que desees. ¿Has oído alguna vez eso de que «la fe mueve montañas»? Con el poder creador de la intención lo que provocamos es que ese alineamiento y enfoque de todo lo que un ser humano «es» y «puede» opere para alcanzar tus metas, ya que tu tiempo, aprendizaje, atención, etc. están enfocados en este logro.

Por lo tanto, si a una mente entrenada y controlada le añadimos el poder creador de la intención, no habrá meta que se nos resista.

¡Y qué mejor que todo este potencial este dirigido por y desde el corazón para alcanzar nuestro **gran sueño**!

INFORMACIÓN ADICIONAL

Sueño *vs* Fantasía

Vamos a hacer una breve reflexión al respecto de la diferencia entre estos dos términos.

Ya hemos hablado largo y tendido sobre el sueño. ¿En qué se diferencian este y la fantasía? En la acción. La fantasía es un ejercicio de imaginación en el que me sitúo en esos escenarios idílicos y deseados. Pero en realidad todo queda ahí, ya que no hay acción dirigida al cumplimiento.

Debemos recordar siempre que la acción es clave; un sueño sin acción es fantasía. Curiosamente, esa fantasía puede provocar estados emocionales reales de alegría, frustración, etc., por lo que imaginarnos en esa situación idílica puede provocar una gran satisfacción. Esta sensación puede abrir la puerta a una continua búsqueda de esa sensación de bienestar que, por otro lado, es ilusoria.

La fantasía no solamente nace de la falta de acción. Puede nacer de la ausencia de juicio crítico o de un discernimiento poco enfocado. Podemos construir una realidad errónea, creernos resultados erróneos o establecer nexos causales erróneos y vivir bajo el espejismo de que un estado emocional agitado, eufórico o, en el polo opuesto, deprimido o inhibido, son reflejo de algo que en realidad no está ocurriendo pero al que nosotros le damos categoría de cierto.

Por ejemplo: podemos caer en la fantasía de que nuestra posición a la hora de enfrentar una determinada situación es la adecuada, solo porque nos sentimos alegres y aparentemente la controlamos. Cuántas veces nos ha pasado que nos enfrentamos a una situación difícil (despido, duelo, etc.) con aparente normalidad y sensación de tenerlo todo controlado, y al cabo del tiempo se nos vienen encima todas las emociones reprimidas. O al revés: cuántas veces hemos creído que todo estaba mal, que conspiraban contra nosotros, que todo estaba en contra hasta que comprobamos que en realidad no era así.

¿Cómo combatir la fantasía?

En primer lugar: acción; si la fantasía es, en primer lugar, deseo carente de acción, **¡haz lo que sea!**

En segundo lugar, para evitar los errores de percepción, trata de asesorarte, de preguntar a personas expertas en la materia. Cultiva tu capacidad analítica y de discernimiento y trata de seguir esa máxima budista que dice: **verdad es lo que produce resultado**. Pregúntate si con tus acciones estás consiguiendo lo que te propusiste, más allá de tus estados emocionales, siempre teniendo muy presente que, si bien es cierto que debemos vivir con independencia de estos, siempre será mejor generar estados emocionales positivos, y —¿por qué no?— habrá momentos en los que centrar los esfuerzos en generar estados emocionales positivos sea una buena estrategia; pero entendamos que las emociones son solo instrumentos. Por lo tanto, debemos prestarle la atención justa para ponerlas en orden.

Vivir tu **gran sueño** significa, en este sentido, acción enfocada.

El sueño es el combustible de la acción

Si recuerdas, empezaste este libro leyendo esta frase: «Todos conocemos a personas que deciden ponerse en forma y, para ello, apuntarse al gimnasio. Y se apuntan al gimnasio, ¡e incluso van a entrenar!». ¿Lo recuerdas?

La pregunta que debes hacerte no es tanto cómo lo hacen sino, ¿cómo puedo hacerlo yo?

Desde mi experiencia, una potente manera de alcanzar este potencial de acción es vivir usando tu **gran sueño** como combustible. ¿Qué quiere decir esto?

En un apartado anterior podías leer que no es solo el miedo lo que nos aleja de nuestros sueños o de su cumplimiento. Nos aleja haberlo «olvidado», la pereza, la falta de creencia en tus posibilidades o la ausencia de una manera de abordar este cumplimiento.

Bien, hemos dicho que el primer paso es identificar el sueño. Supongamos que ya lo hemos hecho. ¿Y si utilizamos el propio sueño como camino y combustible?

Te voy a explicar a qué me refiero. Has leído que el **gran sueño** es en realidad un camino, no una meta, ¿verdad? Y es cierto, pero se da la circunstancia de que este **gran sueño**, es *per se* el gran motivo que tengo para recorrer el camino. ¿Ves la hermosa paradoja?

Si retomamos una vez más el ejemplo que venimos usando, si mi **gran sueño** es esa vida de servicio a los demás, tenemos que el hecho de vivir bajo el paraguas de esta idea es el camino que recorrer. ¿Cierto? Pero, ¿qué hacemos cuando la energía falla, cuando las dudas nos asaltan o nos invade el miedo?

Usar el **gran sueño** como combustible. Hagámonos entonces la siguiente pregunta: «**¿Por qué debo seguir?**». Y tratemos responderla con esta afirmación: «**Porque es la única manera que tengo de cumplir mi gran sueño** ».

Y es que vivir la vida guiado por el **gran sueño** es el mejor motivo para levantarnos del sofá. Replanificar la vida, encontrar los medios para avanzar y nunca desfallecer. ¿Qué lleva a una persona que desea estar en forma a ir a entrenar?

La capacidad que tienen de perseguir sus sueños. Piensa que todos, tarde o temprano, nos enfrentamos a situaciones en las que valoramos que no tenemos los recursos, que nos dan miedo, etc. Y si unas personas las enfrentan y otras no, la variable determinante no puede ser esa, ya que nos afectaría a todos por igual. Bajo mi punto de vista, es la capacidad que tenemos todos de perseguir nuestros sueños lo que marca la diferencia, porque desde aquí el miedo se sobrelleva, la pereza se vence, los medios que no tenemos se consiguen, las habilidades y/o conocimientos que nos faltan se desarrollan o se busca a quien los tenga, etc.

Vivir conectado con el **gran sueño** hace que no haya freno.

Te voy a hacer una confesión. Hace poco leí la historia de una persona multimillonaria que afirmaba que se había hecho rico sin tener un **gran sueño**, únicamente por tener los medios para, cuando ese **gran sueño** apareciese, poder disfrutarlo desde la libertad financiera. Te invito a que reflexiones durante unos minutos sobre este punto...

¿Ya has reflexionado? Puedes escribir lo que opinas:

____

____

____

____

____

____

____

Te voy a contar lo que yo pienso. Confieso que al leerlo se me desmontó la teoría: si una persona de éxito no tiene sueños, entonces, ¿cómo lo ha conseguido?

Creo que la clave está en la pregunta. Quizá te haya pasado como a mí, que identifiqué ser rico con éxito. Esta idea la tenemos tan interiorizada que no nos la cuestionamos.

En realidad, esta persona «lo único» que ha conseguido en la vida es ser rico, pero aún no sabe qué hacer con su existencia. Hay personas que tienen el talento de ser capaces de generar riqueza, como tú puedes tener el talento de hacer la mejor paella, de componer canciones o de llegar a casa con una sonrisa (mantener el buen humor) después de un duro día de trabajo. Eso no quiere decir que estas capacidades no puedan adquirirse o entrenarse, pero en el caso de la historia de la que hablamos, para esta persona no existe una identificación entre riqueza y sueño. Ya es rico, pero no lo hizo porque fuera su sueño, sino como medio y porque sabe cómo generar riqueza. Fíjate que en este caso estamos hablando de un plano operativo (mental), y no de **gran sueño/sentido de la vida** (corazón). Desde un punto de vista operativo, esta persona es capaz de alcanzar grandes resultados, pero no estamos hablando de eso. Estamos hablando de **hacer de tu vida una historia digna de ser contada**, no lo olvides. ¿Crees que una persona que afirma que es rico pero que aún no sabe cuál es su sueño, actúa guiado por ese sentido de la vida y que, en definitiva, siente esa plenitud a la hora de observar su vida y su *«estar en ella»*?

La conclusión es que, por un lado, la acción es clave. No importa que actúes sin la guía de un sueño. Tú «haz», y tus propios talentos, capacidades y otras circunstancias, harán que alcances grandes resultados. Por otro lado, usa tu **gran sueño** para mantenerte en marcha, como guía y como camino.

Para concluir este apartado, te voy a recomendar que uses un canal en el que puedas encontrar vídeos, audios o frases inspiradoras, de tal manera que todos los días puedas tener esa dosis tan necesaria de inspiración, de fortalecimiento de la creencia en tus posibilidades, en las que escuches historias de éxito de personas reales, etc. Y por supuesto libros que, como este, te ayuden en tu proceso.

Conecta con tu ser:
el sentido de la vida

Vamos a tratar de responder a esta pregunta: ¿qué es lo que le da sentido a tu vida?

Asumo que responder a esta pregunta es una tarea muy difícil, y más para hacerlo con la mera lectura de este libro, pero podemos intentarlo. ¿Qué opinas? ¿Te atreves a intentarlo? Te animo a que lo hagas; no tenemos nada que perder, ¿verdad?

Para llegar deberíamos usar continuamente una pregunta: «para qué». Cada vez que demos una respuesta, nos volveremos a preguntar «para qué».

Debemos pues distinguir entre el «por qué» y el «para qué». El «por qué» explica **por qué** estamos donde estamos; es decir, hacerse esta pregunta significa mirar al pasado. En cambio, el «para qué» explica **para qué** hacemos algo, qué queremos conseguir, y por lo tanto estaremos mirando al futuro. En el caso que nos ocupa, debemos mirar al futuro y hacia nuestro interior.

Por ejemplo: ¿qué es aquello que le da sentido a mi vida?

Podemos responder: *no lo sé... quizás ser feliz. ¿Para qué quieres ser feliz? Para vivir mejor. ¿Para qué quieres vivir mejor? Para poder sentirme mejor en mi vida. ¿Para qué quieres sentirte mejor? Para sentirme libre. ¿Para qué quieres sentirte libre? Para poder ser quien soy...*

Hemos hablado ya mucho sobre la importancia de encontrar aquello que le da sentido a tu vida _________; ahora es momento de encontrarlo. Pregúntate tantos «para qué» como sea necesario, mira a ver si ese niño interior del que hablábamos en capítulos anteriores conoce la respuesta, escucha a tu corazón y haz; solo así lo podrás averiguar. Desde estas páginas poco más puedo hacer para ayudarte. Solo decirte que el esfuerzo de averiguarlo merece la pena; que merece, en realidad, la vida. Pero lo que realmente merece la pena es vivir la vida una vez has encontrado aquello que le da sentido y lo haces. Tal y como reza el título de este apartado, estamos hablando en realidad de algo más profundo que ser una persona de éxito. Estamos hablando de conectarte con tu ser, con ese algo transcendental que a todos nos acompaña y al cual pertenecemos. Cuando esa conexión existe, la vida adquiere otra dimensión, comprendes que lo único verdadero es el «amor», experimentas la Unidad con el Todo y descubres que la «belleza» es el «amor» mismo coagulado en formas perceptibles para que podamos ensimismarnos con ella, y fruto de ese ensimismamiento podamos reconocernos como parte de ese Todo al cual pertenecemos. Y reconoces la Vida como una «hermosa historia de amor con Dios», en palabras de un maestro por el cual tengo siento un gran respeto. No importa que no seas creyente o no tengas esta experiencia de lo transcendente. El lenguaje del corazón es universal, lo verdadero es verdadero para el que mira «desde los ojos del corazón», parafraseando al Principito. Abre esos ojos y conéctate a tu ser. Ya sabes cómo: ¡haciendo!

Te animo a ello; yo estaré encantado de conocer tus progresos y de poder acompañarte en tu camino. Ya tienes mi correo, siéntete libre de escribirme y compartirlo conmigo. Me hará muy feliz saber que lo estás consiguiendo y eso le dará sentido a mi vida.

Hasta aquí todo lo que quería contarte acerca de los sueños. Solo nos falta una cosa... Venga, toma tu bolígrafo, es tu turno.

Escribe tu **gran sueño**.

____

____

____

____

Es hermoso, ¿verdad? Eso es lo que tu corazón te grita con cada latido. Eso es lo que necesitas cumplir para hacer de tu vida una historia digna de ser contada. Eso, querid@ _________, es lo que le va a dar sentido a tu vida hasta el último de tus días.

Ahora solo tenemos que dejar que el poder creador de la intención, guiado por ese **gran sueño**, actúe y nos lleve a la acción. Pero antes de eso debes tomar una decisión, y es que sin ella el proceso se habrá estancado. Ya sabes qué es aquello que le da sentido a tu vida. ¿Estás dispuesto a hacer lo imposible para cumplirlo?

Marca la respuesta:

☐ Sí

☐ Sí

Dado que has marcado que «sí» puedes seguir leyendo. En caso contrario, te invito a que sigas leyendo igualmente.

El poder de una decisión: voluntad

A lo largo de los últimos años he profundizado en este aspecto. Me gusta escuchar historias de personas que tuvieron que enfrentarse a una situación muy difícil, personas que un buen día deciden hacer algo completamente diferente a lo que venían haciendo. O recuerdo mi propia historia y trato de recordar esos momentos en los que tomé una decisión que me llevó a alcanzar un gran logro. Y es que todos somos «héroes sin capa». En mis conferencias me gusta recurrir a esta idea. Hablaremos de esto.

Lo cierto es que, cuando conoces estas historias, reconoces claramente el poder de la decisión que tomaron. Es curioso, porque en el caso de personas con situaciones dramáticas (enfermedad grave, muerte de un ser querido, accidente...) hay personas que dan un paso al frente y convierten su vida en algo ejemplar. No te equivoques, querido lector —a estas alturas del libro, me permito hablarte con cariño—: ni todo el que vive estas situaciones se convierte en un héroe, ni todos los héroes vienen de una historia dramática.

Como punto de partida te diré que el dolor no es necesario. La vía del sufrimiento como aspecto catalizador de oportunidades, energía, crecimiento, etc., es una vía errónea. Quiero decir que no es necesario sufrir para crecer. De hecho, la inmensa mayoría de las personas que viven episodios dramáticos sucumben a estos empezando un proceso de duelo y/o superación que les exigirá grandes dosis de energía y tiempo. Muchas personas nunca llegan a reponerse de estos episodios, pero hay mucha literatura engañosa al respecto, en la que solo se presentan las personas que salen de estas experiencias con éxito. Evidentemente, una vez que esa situación se ha dado, lo ideal es «aprender la lección» y utilizar esa vivencia para «crecer», pero, ¿qué pasa si nunca pasa nada? ¿No hay evolución sin dolor?

En muchas ocasiones la decisión nace del hartazgo ante una determinada situación, de una visión emprendedora, de un sueño (ese **gran sueño**) que nos impele de una manera irrefrenable a la acción, etc. Pero todos hemos tomado —o al menos eso hemos creído— decisiones que se quedaron en nada. Decidimos dejar de fumar, cambiar de trabajo, apuntarnos al gimnasio... Y, ¿en qué quedó todo? Entenderás que estamos hablando, por lo tanto, de dos procesos:

- El proceso de toma de decisiones.
- El proceso de tomar una decisión.

Ya sé que se parecen mucho. Ya me vas conociendo y supongo que no te sorprenderá mucho saber que lo he hecho con toda la intención. Vamos a ver en qué se diferencian:

Por **proceso de toma de decisiones** me refiero a la capacidad que tenemos de procesar la información con objeto de encontrar la mejor solución a una situación. En muchas ocasiones, las decisiones que tomamos son la consecuencia natural de los procesos propios de la mente. Detectamos un problema (tos, fatiga, mal aliento...). La mente lo procesa y, entre todas las soluciones, decide que dejar de fumar es la mejor. Pero lo «ha decidido» un proceso más o menos automático y ajeno a mi voluntad. Y ahí reside la gran diferencia. Este procesamiento de la información adolece de voluntad, no hay un motivo consciente para su ejecución.

Pero, ¿qué hace que una decisión que la mente entiende como la correcta no se lleve a la acción?

¿Te estabas haciendo esa pregunta?

Esa es la clave. En realidad, debemos entender que es un proceso complejo. Bajo mi punto de vista, solamente cuando la voluntad interviene se pasa de la decisión a la acción; es decir, hemos tomado realmente una decisión. Por lo tanto, renombremos este proceso llamándolo **procesamiento de la información** y lo definiremos como el proceso que busca elegir, entre las diversas alternativas, la mejor solución.

A diferencia de lo anterior, el poder de la decisión reside en querer hacer algo y simplemente hacerlo. Cuando esta decisión nace de la voluntad, el escenario es completamente diferente. El mero hecho de tomar la decisión supone una activación que prepara el sistema para la acción.

En el ejemplo del tabaco que hemos usado, podemos verlo así: detecto como mejor opción dejar de fumar, quiero dejar de fumar y decido hacerlo. Otra cosa es saber cómo hacerlo.

Como vemos, en este esquema no he hablado del «puedo». Todos conocemos esa frase que dice: «querer es poder». Y es que cuando realmente queremos algo, no hay nada ni nadie que nos frene. Cuando tomamos en firme una decisión, nos ponemos manos a la obra y encontramos el «cómo». Cuando queremos, movilizamos todos nuestros recursos, y entre ellos la capacidad para aprender lo que debamos aprender, para pedir ayuda o dejarnos guiar.

Es importante señalar que existen otras variables que intervienen, desde la variable tiempo a la experiencia previa, conocimiento, capacidad para afrontar retos, frustración, etc.

Que hayamos tomado la gran decisión no quiere decir que sepamos cómo hacerlo, o que lo vayamos a conseguir en el primer intento.

Sé que es una simplificación del proceso, porque hay muchas más variables que pueden intervenir, pero como punto de partida nos puede servir.

Motivación

La motivación es uno de esos conceptos que oímos y utilizamos con mucha frecuencia. Creo que es conveniente emplear algo de tiempo en conocer de qué estamos hablando, pues a veces tengo la impresión de que se usa de una manera poco precisa.

En el Diccionario de la Real Academia Española, encontramos esta definición de **motivación**:

1. *Acción y efecto de motivar.*

2. *Motivo (causa).*

3. *Conjunto de factores internos o externos que determinan en parte las acciones de una persona.*

Por **motivar**, la RAE recoge estos significados:

1. *Dar causa o motivo para algo.*
   ¿Qué motivó su enfado?

2. *Dar o explicar la razón o motivo que se ha tenido para hacer algo.*
   Debes motivar la respuesta.

3. *Influir en el ánimo de alguien para que proceda de un determinado modo.*
   El profesor motiva a los alumnos para que estudien.

4. *Estimular a alguien o despertar su interés.*
   En aquella época me motivaba mucho el estudio de las plantas.

Desde un punto de vista de la psicología básica, hablamos de la **motivación** como «un concepto que se emplea para describir la actuación de fuerzas desde dentro del organismo o sobre este desde el exterior, que tiene como consecuencia el iniciar y dirigir el comportamiento» (Enrique G. Fernández-Abascal).

Desde esta óptica hay una traslación del concepto físico de energía, que se materializa en dos conceptos (Kelly 1966), a saber:

- Estímulos. Son los elementos externos a la persona que provocan su comportamiento.
- Necesidades. En este caso son elementos internos.

Reconozco que he empezado este apartado de una manera muy poco «motivadora», y es que me interesa hacer una clara distinción entre lo que coloquialmente entendemos como estar motivado (estado de felicidad, activación...) y la motivación entendida como energía que nos empuja al movimiento (conducta).

En un vuelo a Egipto reflexionábamos sobre estas cosas, y alguien hizo un relato francamente inspirador en este sentido.

Diferencia entre «estar motivado» y motivación

En sus guerras contra los bárbaros, las legiones romanas se encontraron con pueblos que combatían bajo los efectos de sustancias que los «curanderos» de las tribus preparaban para ellos. Estas sustancias les provocaba un estado exaltación, euforia y ausencia de miedo (estaban motivados), que les hacía luchar con gran fiereza. Pero todos conocemos el resultado de gran parte de las campañas militares romanas: tarde o temprano ellos vencían.

En las legiones imperaban dos características:

- Disciplina y orden militar, cosa que en las tribus bárbaras no ocurría.

- Una suerte de motivación que se expresaba en dos ideas:

  1. Volver a casa.
  2. Volver a ver salir el sol.

Como ves, esta lección de historia ilustra claramente lo que trato de explicarte. Yo no voy a entrar en la concepción de «estar motivado», porque no siempre es útil ni sinónimo de conducta bien dirigida. Por supuesto, el ideal es que aquello que hagamos, lo hagamos con alegría. ¡Faltaría más!

Pero lo voy a explicar con otro ejemplo:

Imagina que alguien pone en tu cabeza una pistola y te ordena que salgas de la habitación en la que te encuentras. ¿Hay una motivación para que le hagas caso? Sin duda, la hay. Estás motivado a hacerlo, sí, sin duda. Pero no estás feliz, ni contento, ni eufórico, ni nada por el estilo, ¿verdad?

¿Cuántas cosas hacemos sin estar contentos porque son necesarias por el motivo que nos guía?

Estamos hablando de nuestro **gran sueño**. En este caso, de tu **gran sueño**. Y hemos dicho que el mero hecho de vivir la vida en función de ese **gran sueño**, es en sí mismo un motivo de satisfacción y lo llamamos plenitud. Por lo tanto, claro que habrá grandes dosis de alegría, pero también habrá ocasiones en los que primará el compromiso con nuestro sentido de la vida, y eso será más fiable y más sustentable que un estado emocional puntual.

En este sentido, la motivación es fundamental. Solo si se activa en nosotros esa energía promotora de la acción podremos actuar. Es esta energía movilizadora la que provocará el paso a la acción, el mantenimiento de la misma, y que esta esté dirigida y se mantenga focalizada en la dirección correcta.

Si recuerdas, este es el modelo que proponíamos:

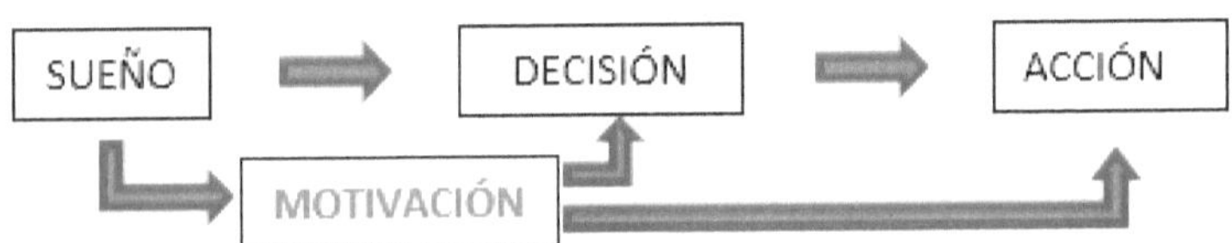

Decíamos que la acción dirigida al cumplimiento del sueño nace de la existencia del propio sueño, y que este debía desencadenar un proceso motivacional de activación que será el que, a su vez, desencadene los otros dos pasos. Como hemos visto ahora, la motivación no solo debe «aparecer», sino que debe mantenerse en el tiempo. Seguro que conoces la frase «arrancada de caballo y frenada de burro». La motivación no solamente debe aparecer: si esta no se sostiene en el tiempo, el proceso se detiene. Hay mucha literatura sobre las variables que intervienen y que posibilitan que la motivación se mantenga. Recuerda que estamos hablando del motivo por el cual hago algo, no de la alegría mientras que lo hago. Evidentemente, hay factores personales tales como la experiencia previa, la capacidad de aprendizaje y la adaptación a las nuevas exigencias, etc. Pero yo me quiero centrar en dos aspectos:

- **Tolerancia a la frustación**. Una frase que repito mucho en mis conferencias, cuando hablo del éxito, es que este no está detrás de un «sí», sino detrás de muchos «noes». En la medida en que seamos capaces de superar la frustración que supone tener que enfrentarnos a puertas cerradas, rechazo, pérdidas, etc., la posibilidad de mantener la activación aumenta.

- **Disciplina**. Otra frase que repito es: «A largo plazo, la disciplina termina venciendo al talento». Aunque huelga decirlo —lo aclaro— el ideal es que la disciplina y el talento trabajen en la misma dirección. Lo cierto es que una persona disciplinada, enfocada en su objetivo, que hace lo que tiene que hacer, etc., será capaz de mantener viva la llama de la motivación durante más tiempo y de optimizar su efecto. Por otro lado, pensemos que con disciplina, el «factor alegría» se diluye. Si tengo clara mi meta y lo que tengo que hacer, soy capaz de postergar la recompensa inmediata en pro de una recompensa aun mayor.

Por último señalar un aspecto más, antes de pasar al siguiente apartado. La motivación, su capacidad movilizadora, en la medida en que estemos hablando de nuestro **gran**

sueño, será mayor, más eficaz, más sostenida en el tiempo y más resistente y menos vulnerable, frente a otros factores que la reducirían.

Por lo tanto, si quieres alcanzar tu **gran sueño**, trabaja tu tolerancia a la frustración, trabaja de manera disciplinada y deja que la motivación mantenga la activación necesaria.

Me voy a atrever a hacer una afirmación arriesgada, pero tú te lo mereces:

Tu cuerpo, tus sistemas, tu mente, tu motivación, etc., son suficientes, si nada les interfiere, para alcanzar el éxito. Si lo piensas, en realidad, ¿qué puede interferir? Nada externo puede ser un freno, ya que si tienes tiempo, capacidad de aprendizaje, de pedir ayuda, etc., lo razonable es que todos consigamos lo que nos proponemos, superando los posibles obstáculos que se presenten. Es solo cuestión de tiempo y de esfuerzo. Sí, ya sé que es una afirmación utópica, ya sabemos que hay aspectos incontrolables que interfieren y que escapan a nuestro control. Pero si pensamos en un **gran sueño**, por ejemplo, vivir la vida en una actitud de servicio y cooperación a los demás, ¿qué hay fuera de uno mismo que nos pueda detener?

El punto al que quiero llegar es el siguiente: si tenemos el potencial para hacer realidad nuestro **gran sueño** y vivir esa vida que queremos vivir de tal manera que cumplamos eso de hacer de nuestra vida una historia digna de ser contada, lo único que nos puede frenar... ¿qué es?

¿Lo estás pensando? Te dejo unos segundos más... Aunque sí, los dos sabemos que la respuesta es simple: lo único que puede frenarnos somos nosotros mismos.

Piénsalo así: tenemos ese **gran sueño** que ha generado un motivo para actuar, hemos tomado la decisión de cumplirlo, solo nos queda pasar a la acción y, por supuesto, mantenerla. Si te parece, te voy a proponer un ejercicio. Si se trata de generar y mantener la energía para la acción, ¿qué te parece empezar cada mañana provocando dicha energía?

Para esto son muy útiles los ejercicios de visualización. ¿Te parece que hagamos alguno?

Vamos a empezar por explicar en qué consiste la visualización. Hay mucha literatura y modelos; yo te voy a proponer que hagamos algo muy sencillo. Recuerda lo que has leído al respecto de la fantasía. La visualización es un arma de «doble filo», ya que en primer lugar nos puede llevar a la inacción. Piensa que podemos llegar a generar estados emocionales satisfactorios, derivados de que la visualización del resultado es capaz de generar el «chute» de satisfacción que necesitamos y nos conformamos con ello; piensa que en muchas ocasiones lo que buscamos con nuestras acciones no es más que la satisfacción de «haberlo conseguido» solo por ese «chute», si lo obtenemos de manera «artificial» o real puede ser irrelevante para una mente no entrenada. En segundo lugar, puede ocurrir que ese ejercicio de visualización no vaya acompañado de la acción necesaria, por lo tanto sueño algo que quiero de corazón pero no lo consigo (porque no estoy haciendo lo adecuado, porque hay que esperar mucho tiempo hasta que llegue el fruto o simplemente porque «el resultado no nos pertenece»), y entonces la frustración aparece. Por último, puede ocurrir que lleguemos a perder la capacidad analítica o el discernimiento, ya que puedo llegar a establecer una relación entre mi capacidad para imaginarlo y mi capacidad para lograrlo.

La imaginación es libre y no tiene límites, pero mis medios, capacidades y talentos sí que lo son (¿crees que puedes vivir 200 años o que puedes ser la próxima zarina de Rusia?).

Salvados estos aspectos, vamos a ver en qué consiste:

Se trata de que hagas este ejercicio y anotes los siguientes puntos, para luego usar esas notas en tu visualización.

- Anota tu **gran sueño**.
- Trata de imaginarte cómo sería el momento de alcanzarlo:

  1. ¿Qué fecha es?
  2. Imagina todo el ambiente que te rodea: dónde estás, qué clima hace, a qué huele el lugar en el que estás, qué sonidos puedes percibir...
  3. Imagínate en ese momento: cómo vas vestido, con quién estás...
  4. Identifica tus emociones: ¿cómo te sientes?
  5. Imagina a tus seres queridos viéndote vivir así: ¿cómo se sienten? ¿Cómo te sientes tú sabiendo cómo se sienten ellos?

- ¿Qué has hecho para lograrlo?
- Imagina tu vida desde ese momento:

  1. ¿A qué hora te levantas? Describe ese lugar.
  2. ¿A qué dedicas tu día a día? Describe tu «semana ideal».
  3. ¿Qué sientes viviendo tu **gran sueño**?
  4. Identifica tus emociones: ¿cómo te sientes?

5. Imagina a tus seres queridos viéndote vivir así. ¿Cómo se sienten? ¿Cómo te sientes tú sabiendo cómo se sienten ellos?

- Imagina cómo sería tu vida si no consigues tu **gran sueño**:

  1. ¿A qué hora te levantas? Describe ese lugar.

  2. ¿A qué dedicas tu día a día? Describe tu semana.

  3. ¿Qué sientes viviendo sin tu **gran sueño**?

  4. Identifica tus emociones: ¿cómo te sientes?

  5. Imagina a tus seres queridos viéndote vivir así: ¿cómo se sienten? ¿Cómo te sientes tú sabiendo cómo se sienten ellos?

Te propongo que te despiertes 10 minutos antes.

En una primera fase (tres semanas) vas a imaginarte, cada día de la semana, en uno de estos puntos:

- **Lunes**: trata de pensar en tu **gran sueño** con todo lujo de detalles.

- **Martes**: recuerda tu **gran sueño**, imagina el día de su cumplimiento, todo lo que te rodea, a ti mismo en ese momento y qué sientes.

- **Miércoles**: imagina todo lo que has tenido que hacer para alcanzarlo.

- **Jueves**: imagina tu vida viviendo tu **gran sueño**.

- **Viernes**: imagina tu vida viviendo sin tu **gran sueño**, vuelve a la sensación de vivir el **gran sueño**.

En una segunda fase, vas a imaginarte todas las mañanas.

- 2 minutos: tu **gran sueño**.

- 2 minutos: todo lo que tienes que hacer esa semana para acercarte a él.

- 2 minutos: cómo sería tu vida si consiguieses tu **gran sueño**.

- 2 minutos: cómo sería tu vida sin tu **gran sueño**.

- 1 minuto: recupera la sensación de vivir habiendo conseguido tu **gran sueño**.

- 1 minuto: «enunciado de compromiso» y «palabra/frase de poder».

- Para terminar, escucha tu canción. Selecciona esa canción que te haga subir el ánimo, que te ponga las pilas, que te ponga a bailar y te invite a comerte el mundo. Pero ojo, quizás te estés levantando muy temprano, así que... ¡usa auriculares!

¿Qué es el enunciado de compromiso?

Es una declaración en la que nos vamos a comprometer, con nuestras propias palabras, a lo que estemos dispuestos a hacer. La repetiremos todas las mañanas, leyéndola hasta que nos la sepamos de memoria, para recordarnos que tenemos que mantenernos en la acción. Te comparto la que yo uso cada mañana:

Hoy, jueves 1 de enero de 2020, yo, David, me comprometo a poner todos los medios a mi alcance y a pedir ayuda, si así fuese necesario, para cumplir mi **gran sueño** y vivir una vida de servicio, porque es la manera que tengo para **hacer de mi vida una historia digna de ser contada**, porque soy capaz de hacer todo lo que me proponga, porque soy responsable de mi vida y de mis acciones y porque merezco vivir una vida en plenitud; y si me da miedo, lo hago con miedo.

Escribe tu enunciado de compromiso:

____

____

____

____

____

____

¿Qué es la palabra/frase de poder?

Se trata de una palabra o una frase que te sirva para conectarte con tu propósito, que te permita calmarte en los momentos en los que tus emociones te jueguen una mala pasada, que te permita reenfocarte ante la tentación o recuperar la concentración ante la distracción o el cansancio. Se debe convertir en un mantra que repitas a cada instante, conduciendo, lavándote los dientes, cuando estés haciendo deporte (porque haces deporte a diario, ¿verdad?), cuando vayas a empezar algo importante, etc.

Yo te recomiendo que uses ambas; con la frase generas esa emoción de poder, esa pequeña sensación de euforia que te permite dar ese primer paso, te recuerdas por qué lo estás haciendo y que te mereces todo en la vida y te recuerdas el compromiso que tienes con la vida, con los tuyos, contigo mismo. En cambio, la palabra de poder, la vamos a usar a modo de mantra, para volver a ese estado, para mantenerlo, para conectarnos, como primera respuesta ante un estímulo que nos puede sacar de ese estado.

Escribe tu palabra/frase de poder:

Ejemplos:

- Frase de poder: «todo va a salir bien», «yo puedo», «creo en mí», «solo un paso más», «haz de tu vida una historia digna de ser contada», «hazlo desde el corazón», «si me da miedo, lo hago con miedo».
- Palabra de poder: «*ubuntu*»[1], «vamos», «sigue».

Libre albedrío

Al principio del que confío ya sea tu libro hablamos de libertad, y ahora quiero hablarte de libre albedrío.

El libre albedrío es la capacidad que tenemos las personas, haciendo uso de la libertad de tomar nuestras propias decisiones.

¿Por qué quiero hablar de esto, si ya hemos tratado este tema?

Nos vamos a meter en un «charco intelectual» al abordar este tema, pero me has demostrado tu arrojo, así es que vamos a ello.

---

1. *Ubuntu* es una filosofía sudafricana vinculada a la lealtad y la solidaridad, que puede traducirse como «humanidad hacia otros» o «soy porque nosotros somos». Es la filosofía que siguió Nelson Mandela y que pone en valor la capacidad de perdonar y la empatía para poder cohesionar a un grupo. «Una persona con *ubuntu* es abierta y está disponible para las demás, respalda a las demás, no se siente amenazada cuando otras son capaces y son buenas en algo porque está segura de sí misma, ya que sabe que pertenece a una gran totalidad, que se decrece cuando otras personas son humilladas o menospreciadas, cuando otras son torturadas u oprimidas». (Desmond Tutu)

Que nos sintamos libres de decidir, que tengamos libre albedrío, ¿significa que realmente somos libres o que ejercemos esa libertad de verdad?

Reformulo la pregunta: ¿en qué medida esos *a priori*, esos condicionantes culturales, familiares, sociales, etc., nos condicionan el libre albedrío? Porque si decido desde lo que mis padres, la escuela, etc., me han inculcado, ¿hasta qué punto ese libre albedrío es sinónimo de ejercicio de libertad? Quiero decir que con los elementos de los que dispongo y gracias a mi libre albedrío, yo puedo decidir, pero solo desde esos elementos iniciales. En la medida que esos elementos iniciales nos son dados y/o impuestos, no podremos decir que estamos haciendo un verdadero ejercicio de libertad.

Por eso es tan importante que construyamos una identidad real, con aprendizajes, vivencias, experiencias, emociones propias... Cuanto más profundicemos en este sentido, cuanto mayor sea nuestro «crecimiento personal»; cuanta mayor nuestra evolución y cuantas más vivencias hayamos tenido, más probable será que nuestra capacidad para desprendernos de todos los condicionantes «impuestos» o heredados.

Lee, estudia, viaja, conversa con personas diferentes, con ideas diferentes, cultura y religión diferente, cultiva tu discernimiento, abre tu mente y escucha a tu corazón, sé uno con la vida y serás una persona libre de verdad.

Toma la decisión

Querid@ ___________, llegados a este punto ya solo nos queda una cosa: tomar la decisión. Si tú quieres, claro.

Quiero que te sientas libre de hacerlo. No lo hagas solamente porque has llegado hasta aquí, cosa que te agradezco. No seré yo quien condicione tu decisión. Bueno..., ahora que lo pienso, ¡claro que quiero participar en esa decisión! Pero no condicionándote: quiero inspirarte para que lo hagas. Al fin y al cabo, este es el motivo por el cual he escrito este libro para ti, y solamente para ti:

¡Quiero que tomes la decisión de empezar una nueva vida!

Vamos, con lo que llevas leído hasta ahora, ¿qué te impide hacerlo? Solo tienes que escuchar a tu cuerpo, a tu alma, a tu corazón, a tu ser... Levántate de donde estés ahora mismo (¡Hazlo!), siente tus pies en el suelo, siente como la vida te embriaga con su pasión, levanta la vista, mira por la ventana, sal a la calle, busca la luz del sol, la brisa en tu cara, el recuerdo de lo que eres, siente el aliento de la vida, la grandeza de estar aquí y de ser un ser increíble nacido para triunfar con todo lo que necesita para ser un héroe... Eres el resultado de milenios de evolución, de millones y millones de vidas anteriores que dejaron en ti su experiencia, su sabiduría, su ilusión, sus sueños, sus triunfos... ¡Vivieron todo eso para ti, ese su gran legado!

¿Lo vas a desperdiciar?

Oye una cosa: tú no vas a faltarle al respeto a su sudor, a sus lágrimas, a su sangre, a tus padres, a tus abuelos, a todos tus ancestros, a su sonrisa, a su mirada compasiva desde algún lugar desde el cual te observan y te gritan con la voz del viento, con el grito del trueno, con el rugido del mar... ¡levántate y hazlo!

Porque ellos vivieron por ti y tú tienes que continuar su legado.

Ha llegado el momento de tomar conciencia de que puedes, de que todo lo que has vivido ha sido un camino de aprendizaje, de que te queda toda la vida por delante... Me da igual tu edad, me da igual tu pasado, me da igual... Te queda toda la vida por delante para cumplir con aquello que tienes que cumplir. Desde la compasión, te digo: deja de postergarlo, estás donde estás porque decidiste estar ahí, decide ahora estar en otro sitio, decide que tu vida se merece ser una historia digna de ser contada y... ¡ponte a ello! Haz todo lo que tengas que hacer, desde este instante hasta el último de tus días.

Mira hacia atrás con compasión y acepta que podías haberlo hecho mejor, pero no te culpes. Hiciste lo que pudiste porque no sabías más, pero ahora que sabes que puedes ser libre de verdad, nada te impide tomar esa decisión. Si no estás viviendo tu sueño, aun puedes hacerlo mejor. Tienes derecho a llegar a tu último día de vida, cerrar los ojos y decirte: *mi vida ha merecido la pena para la vida misma, para mí y para los demás, porque yo también dejó un legado. Encontré mi camino y lo recorrí haciendo lo que le daba sentido a mi vida, y gracias a eso, hoy el mundo es algo mejor gracias a ese legado.*

Solo es necesario decidirlo; hazlo, toma la decisión, yo creo en ti y sé que puedes hacerlo: ¡hazlo!

Ahora quiero que lo escribas. Escríbelo, coge un bolígrafo y escribe una frase en la que expreses con toda la energía y el poder de tu intención que tomas la decisión, que hoy tomas la gran decisión:

____

____

____

____

____

____

____

____

Enhorabuena, créeme. Tú puedes hacerlo, yo creo en ti.

El poder de la acción: la conducta

Hasta este momento hemos hablado de aspectos que, aun siendo muy necesarios, no nos sirven de absolutamente nada desde un punto de vista operativo. Salvo que le pongamos acción, todo lo anterior se queda en un plano inerte y carente de sentido.

En el apartado dedicado a los sueños hemos hablado de que un sueño sin acción es mera fantasía, una construcción mental, un ejercicio de imaginación carente de dirección y de posibilidad de resultado. Por ello, vamos a dar el último paso, vamos a pasar a la acción.

Pero no vale cualquier acción. Siempre recomendaré «hacer», siempre debemos mantenernos, de una manera u otra, en la acción. Pero esa acción debe cumplir al menos dos condiciones.

- Estar dirigida al resultado que perseguimos, hacer de tu vida una historia digna de ser contada.
- Estar dirigida, dado que estamos hablando de cómo darle sentido a la vida, por nuestro **gran sueño**, y no por la satisfacción de nuestras necesidades. Eso no quiere decir que nuestras necesidades no deban ser satisfechas. Al menos las más básicas (alimentación, afecto, relación con los demás, protección, etc.) deben estar perfectamente cubiertas, pero en la medida en qué sea capaz de tenerlas satisfechas de una manera «profesional», yo estaré más libre de ellas y tendré más energía, tiempo

y enfoque en lo que me interesa; por otro lado, en la medida en que sea capaz de demorar las satisfacción de las necesidades menos básicas para la vida y priorizar por aquello que realmente me ayuda a conseguir mi propósito, seré más eficiente.

Si ese «hacer» cumple estas dos premisas, tú haz... Y si no sabes, si las cumple, haz igualmente, y así haciendo descubrirás si era el camino correcto.

Mientras, olvídate de tu actitud, de tus emociones, de todo... ¡Tú haz!

¿Por qué insisto tanto en que te olvides de tus estados?

Primero, ya lo hemos dicho: salvo que hayas desarrollado la capacidad de influir sobre ellos, no eres libre de elegir cómo te encuentras. En segundo lugar, ¡porque puedes actuar a pesar de ellos!

Recuerda:
Y si te da miedo...

Puede parecer que hago apología del dolor al tiempo que digo que no es la vía correcta; que defiendo la lucha y la entrega al tiempo que el recogimiento; que pongo en el mismo plato tristeza y alegría y que propongo no forzar la alegría pero estar alegre al tiempo. Pues sí, así es.

Pero te lo aclaro; cuando te hablé de las emociones, te decía que todas son igual de importantes. Lo realmente importante es usar la emoción adecuada al contexto en el que estás. De igual manera, hay fases de la vida en las que hay que estar recogido, ¡y recogerse es una acción, necesaria y útil! El descanso, la reflexión, el análisis (todo en su justa medida) son necesarios y también forman parte de la acción. Hay que aceptar el dolor como parte natural de la vida, no caer en el excesivo sufrimiento, entender su función, elaborarlo y salir de ahí. Eso también es acción. ¿Es útil forzar la felicidad? Sí; siempre que seamos conscientes de que se trata de una farsa que puede provocar una inercia positiva, es buenísimo, por supuesto. Como también es sanísimo llorar cuando nos duele y la tristeza hace su vital aparición.

Una actitud optimista de la vida no es contradictoria con el hecho de llorar, como reír no es sinónimo de optimismo. Desde la emoción adecuada al contexto presente, trata de ser siempre optimista. Trata de sonreírle a la vida y a los problemas, y llora con naturalidad. No te juzgues, el juicio y la rigidez son grandes enemigos. Aprende a mantener el equilibrio, llena la vida de matices y sé flexible y tolerante con tus emociones, tus estados de ánimo, tus actitudes y todo tu ser.

El gran matiz reside en no caer en la condescendencia, en la autocomplacencia del dolor... Atraviesa el dolor, el miedo, la pena. Los necesitas, pero solo en su justa medida. Sal de ahí cuanto antes.

Una mirada autocompasiva nunca deberá suponer dejar de luchar, todo lo contrario; desde la autocompasión nace el mayor de los deseos de crecimiento y superación. La auto-observación desde el amor no puede nunca pasar por alto que no estás donde quieres estar, que no te estás realizando, que todo tu ser clama un cambio y una vida con propósito, y desde la comprensión, la ternura y el respeto, esa compasión ayudará a impelerte para tomar esa gran decisión y dar el primer paso guiado por la certeza de que eres merecedor de eso que tanto anhelas.

Héroes sin capa

¿Cuál es tu superhéroe o heroína por el que sientes gran admiración? Ponle imaginación, seguro que sientes predilección por alguien. En los meses que llevo escribiendo este libro reconozco que he fantaseado en más de una ocasión acerca de cuántas personas lo leerían. Estoy convencido de que alguna de esas personas, quizás tú, haya respondido a la pregunta sobre su superhéroe/heroína: mi madre, mi padre, mi hermana o mi maestro...

Y es que no hace falta llevar capa para serlo. Estamos rodeados de personas que todos los días cometen actos de gran heroicidad: se levantan a diario con la única idea en su cabeza de darlo todo por su familias, a las cuales sacan adelante frente a toda dificultad, montan negocios sin dejarse arrugar por los posibles fracasos, llegan a casa con alegría a pesar de que el día a día es fatigoso o incluso tedioso, han estudiado y trabajado a la vez, han tenido varios trabajos, han sido madres, han sido padres, etc. Seguro que conoces a alguien así. ¿No crees que esa o esas personas se merecen tu reconocimiento y tu agradecimiento?

Te propongo una cosa: anota el día que es hoy _____________. Te invito a que, como mucho en el plazo de una semana, le expreses a esa o esas personas tu reconocimiento y gratitud, y que vuelvas sobre estas páginas y escribas lo que has sentido haciéndolo. Quizás no puedas hacerlo en persona, pero no importa; toma una foto de tu héroe/heroína y hazlo de corazón, dale las gracias con los ojos cerrados.

Te propongo que lo hagas con esta frase:

Gracias ____________ *por todo, gracias por* __________________

____

__________________________________, *porque gracias a eso,* ____

____

____

____

____

__________________________ *(pon lo que te hizo sentir, cómo te ha ayudado en la vida...).*

Te estoy profundamente agradecid@ y el resto de mi vida recordaré que eres mi héroe/heroína y que gracias a ti yo ________________

____

____

____

____

___________________________ *(lo primero que te nazca decir).*

Gracias otra vez.

Si quieres, me puedes contar cómo te has sentido; estaré encantado de leer tu relato.

Pero este libro —te lo recuerdo— habla de ti, de tu **gran sueño** y de cómo alcanzarlo. Sin duda, el recuerdo y la gratitud hacia ese héroe o esa heroína sin capa será un hermoso recuerdo que además estará cargado de un gran valor inspiracional. Yo tengo mis propios héroes sin capa, ahora te hablaré de ello.

Antes de eso, déjame que te haga otra pregunta, aunque te adelanto que debes responder «sí» y no aceptaré otra respuesta que no sea esa.

¿A lo largo de tu vida, (no recuerdo si me dijiste tu edad, la puedes anotar en este espacio ___), en alguna ocasión has cometido algún acto de heroicidad?

Sí, lo has hecho _____________; los dos lo sabemos. Tú también eres esa persona que ha se ha enfrentado a situaciones, que ha superado mejor o peor lo que le ha ido ocurriendo en la vida; eres una persona que también se merece ser reconocido como un «héroe sin capa», como «heroína sin capa». A todas las personas nos gusta ser reconocidos, ya sea públicamente o en privado, claro que sí, pero el mejor reconocimiento (sin darle mayor importancia, ni peso, sin caer en la egolatría) es el que cada cual hace de sí. Así es que, igual que hemos hecho antes, agradécete esos actos de heroicidad.

Gracias _____________ *por todo, gracias por* _____________

____

_______________________________________, *porque gracias a eso,* ____

____

____

____

(pon lo que te hizo sentir, cómo te ha ayudado en la vida...).

Te estoy profundamente agradecid@ y el resto de mi vida recordaré que eres mi héroe/heroína y que gracias a ti yo

_______________________________ _______________

____

____

____

_______________________________________ *(lo primero que te nazca decir).*

Gracias otra vez.

Es muy importante que tengas presente lo que acabas de leer, escribir y hacer. Tendemos a pensar que esos grandes héroes y esas grandes heroínas son grandes personas que hacen grandes y públicas gestas, inventos, empresas, etc., y le quitamos peso a las grandes cosas del día a día. Me gustaría ver a Eisenhower o a Napoleón afrontando tu día a día, las situaciones por las que has tenido que pasar... No me malinterpretes, estas personas seguro que tuvieron que afrontar las suyas, además de ser dos grandes militares, y seguro que lo hicieron lo mejor que pudieron/supieron, pero fueron sus situaciones. Las tuyas solo podías afrontarlas tú, y lo hiciste.

Por eso quiero que sepas que yo también aplaudo tu esfuerzo, tu valor, tu constancia, tu entrega y tu gran éxito.

Para mí, ¡tú también eres un/a gran héroe/heroína sin capa!

Y para ti, ¿lo eres? (responde con unas palabras a esta pregunta).

____

____

____

⬇ INFORMACIÓN ADICIONAL

Por la compra de este libro, descárgate de forma gratuita: *Magnet El plan de acción..*

http://www.poderdelaaccion.guiaburros.es/contenido-adicional

Repertorio de éxitos

Ya hemos visto que eres un/a gran héroe/heroína sin capa. Bien, dime una cosa ____________, ¿te parece que escribamos un repertorio de éxitos?

En este repertorio quiero que escribas esos episodios que te han servido para hacerte merecedor de este gran reconocimiento por la heroicidad que demostraste.

Otra vez quiero que escribas, sí. Pero te explico el motivo.

En muchas ocasiones —ya lo comentábamos al principio del libro— no emprendemos o afrontamos situaciones porque no nos creemos capaces de afrontar, no ya una situación en concreto, sino que no nos creemos capaces de afrontar, sin más. Te pregunto una cosa: ¿estás contento con tu trabajo, con tus horarios, con tu salario, con tu pareja, con la marcha del país...? Estoy seguro de que a algo habrás contestado que «no». Entonces, ¿por qué no lo cambias? Pongamos que no estás de acuerdo con la marcha de tu país. Alguien podría decirte: «Oye, pues si no estás de acuerdo, preséntate a las elecciones y sé tú el presidente».

No creo que la respuesta a este ofrecimiento sea hacer una evaluación de tus conocimientos y recursos para poder ganar una campaña electoral. Creo que más bien diríamos: «¿Yo? ¿Y cómo voy a hacer eso? Eso para mí es imposible».

No quiero que pienses que te animo a imposibles, aunque piensa que si tu actual presidente hubiera pensado eso, hoy no lo sería. Nunca subestimes tu poder, aunque solo con tomar la decisión y ponerte manos a la obra, no es suficiente.

Hay que hacer que ocurra con los medios, dedicación y tiempo necesarios.

Pero al margen de esta idea de pensar en grande, lo que quiero trasmitirte es la idea de que decimos que no, sin plantearnos nada, solo porque creemos que es imposible porque tenemos tan interiorizado que es imposible hacer nada que no nos lo cuestionamos. Hemos aceptado que es imposible sin más.

Por eso quiero que hagas ese listado, para que tomes conciencia de que una vez fuiste capaz. Para recordarte que sí eres capaz, no porque Eisenhower fuera capaz y que si él lo fue tú también lo eres, sino para recordarte que ya fuiste capaz una vez, y por lo tanto ahora también puedes serlo.

Eres capaz, claro que lo eres. ¿Cómo si no has sido capaz de llegar adonde estás? Piensa a cuántas cosas has sido capaz de enfrentarte; esa es tu obra vital, ese es tu gran legado y merece ser reconocido, recordado y puesto en un lugar donde puedas recurrir a él cuando sea necesario. Cuando vuelvas a emprender, a enfrentarte a cualquier situación, a decirte «yo no puedo», recuerda estos grandes actos de heroicidad y piensa: «Sí puedo, claro que puedo. Si una vez fui capaz de ______________________________________, ahora también puedo».

Vamos a hacer ese listado. ¿Te parece bien escribir tres cosas? Siempre es bueno escribir el máximo de detalles, en qué consistió, cuándo fue, cómo lo hiciste, qué conseguiste por hacerlo, etc.

Mi repertorio de éxitos

Heroicidad 1. ¿En qué consistió?

¿Cuándo y dónde fue?

¿Cómo lo hiciste?

¿Por qué era importante/necesario hacerlo?

¿Qué te empujó a hacerlo?

¿Qué conseguiste?

¿Cómo te sentiste entonces?

¿Cómo te sientes ahora al recordarlo?

Mi repertorio de éxitos

Heroicidad 2. ¿En qué consistió?

¿Cuándo y dónde fue?

¿Cómo lo hiciste?

¿Por qué era importante/necesario hacerlo?

¿Qué te empujó a hacerlo?

¿Qué conseguiste?

¿Cómo te sentiste entonces?

¿Cómo te sientes ahora al recordarlo?

Mi repertorio de éxitos

Heroicidad 3. ¿En qué consistió?

¿Cuándo y dónde fue?

¿Cómo lo hiciste?

¿Por qué era importante/necesario hacerlo?

¿Qué te empujó a hacerlo?

¿Qué conseguiste?

¿Cómo te sentiste entonces?

¿Cómo te sientes ahora al recordarlo?

Tu legado

Una vez leí una frase acompañada de la imagen de una leona que con gesto regio observaba un cachorro de león y que decía: «Cuida bien lo que haces, nunca sabes quién te está observando». Y es que todo lo que hacemos o dejamos de hacer es susceptible de ser observado y tomado como ejemplo por alguien. Esto es especialmente cierto cuando tenemos a niños cerca (hijos, sobrinos, alumnos...).

Dime una cosa, ¿cuál es tu legado?

Por legado vamos a entender, «aquello que se deja o transmite a los sucesores, sea cosa material o inmaterial» (Diccionario Real Academia Española).

Te voy a contar por qué es tan importante para mí este punto. Para ello te voy a contar una vivencia.

A mí me gusta mucho la montaña; en especial me gusta subir el pico Mulhacén (Sierra Nevada, 3479 m). En la actualidad (año 2020) lo he intentado subir en cuatro ocasiones. Todos sabemos que la montaña es imprevisible y que no todos los intentos terminan en encumbramiento.

Pues bien, en el año 2015 intenté hacer mi segundo ascenso. Para aquellos que no estén familiarizados, debo aclarar que es un ascenso bastante sencillo que no entraña ninguna dificultad técnica. La dificultad del ascenso deriva de la condición de alta montaña y su alta variabilidad climatológica y la propia de la altitud. En aquella ocasión este ascenso tenía un sentido especial. Una persona muy querida por mí acababa de superar un cáncer y yo quería dedicarle una foto desde lo más alto de la península, con una camiseta que me regaló a modo de agradecimiento por haberle acompañado en su lucha. A unos 400 m de la cima y tras varios kilómetros sufriendo «mal de altura» y una terrible jaqueca, decidí pararme a descansar. Me senté en una roca y traté de recuperarme en vano. El dolor de cabeza, la sensación de vértigo y embotamiento no cesaban; terminé tumbado en una roca, consciente de que, salvo que descendiera, mi estado no iba a mejorar, y diciéndome a mí mismo: «No pasa nada, lo has intentado».

Es verdad que el resultado no nos pertenece. Es verdad que en ese momento ya no podía más y que eso no debía ser sinónimo de nada malo. Lo había dado todo, pero ya no podía ser. Me decía a mí mismo: «David, eres una persona fabulosa. Aunque no lo hayas conseguido, te sigues mereciendo todo el respeto. Reconocer la derrota a tiempo es un gesto de humildad digno de ser valorado». Y es totalmente cierto.

Pero, ¿sabes una cosa? Algo en mí no me permitía aceptar estos pensamientos. De repente recordé el motivo por el cual estaba allí. Recordé la lucha de esa persona contra su enfermedad y cómo se había enfrentado a ella, a veces sin fuerzas, a veces sin ánimo, a veces con miedo, pero hizo todo lo que tenía que hacer. En ese momento no me sentí culpable por estar fallándole, sentí la hermosa responsabilidad de recoger su legado y hacerlo bueno. Me dije: «Si él ha podido, es que es posible. Si es posible, yo tengo que poder». Y me levanté, me coloqué la mochila a los hombros, bebí agua y empecé a andar. Cada paso que daba se me clavaba en la sien, pero decía: «Me duele, pero si él ha podido, yo puedo».

Como puedes observar, lo conseguí; llegué arriba y me hice esta foto. A día de hoy se me sigue haciendo un nudo en la garganta recordando ese día, recordando la lucha de esta querida persona y su gran legado. Ese legado me ha acompañado desde entonces. Cada vez que las fuerzas o el ánimo me fallan me digo: «Si él pudo, yo también». Y así es como su lucha se convirtió en una gran enseñanza para mí. Ese es y será para siempre su legado.

Recuerda:

Cuida bien lo que haces, nunca sabes quién te está observando.

Mira de qué manera esta persona impactó en mi vida. De ahí empezaron a brotar ideas, principios y valores que ahora me guían en mi vida, utilizo en mis conferencias y marcan mi camino hacia mi **gran sueño**.

Dime, ¿cuál es tu actual legado?

____

____

____

____

Este es tu legado actual, pero, ¿podrías escribir ahora cuál te gustaría que fuese tu gran legado?

____

____

____

____

Mi historia

En un momento dado de mi vida me vi en una ambulancia camino a urgencias por un episodio cardiaco. Ese día me hice la gran pregunta.

Recuerdo que tenía miedo por lo que podía pasar. No tanto porque la muerte se presentase como una realidad como por la incertidumbre de aquello, desconocido para mí, a lo que me enfrentaba. Pero por encima de todo recuerdo la sensación de urgencia vital, recuerdo sentir que la vida se me había pasado volando y la sensación de saber que si ese era mi último día, lo aceptaba, pero con el dolor de saber que mi paso por esta vida había sido efímero e intrascendente, incluso para mí. Ese día todo cambió dentro de mí, entendí que la vida se va en cada segundo que vives, entendí que la vida es más que simplemente una sucesión de días y entendí que no estaba viviendo la vida que debía vivir. Y me dije: «Si él ha podido, yo también puedo».

Ese día no podía pensar. Llegué al hotel en el que me hospedaba (¡mi último día podía haber sido a 400 km de mi casa, en una ciudad en la que me encontraba, como era normal, por trabajo, lejos de mis seres queridos!) y me acosté con miedo a dormir y no despertar. Esto no lo había confesado nunca, pero ahora me siento cómodo haciéndolo. A la mañana siguiente me desperté en un estado de *shock* que me duró dos años. Tuve varios episodios más, hasta que un día me rendí. Llevaba varios meses con ansiedad, durmiendo mal y con una sintomatología clínica inespecífica. Esa noche me puse en 125 pulsaciones por minuto, sentí la angustia de ver cómo mi cuerpo, otra noche más, reaccionaba de manera descontrolada. Eran las 3:00 de la mañana; dado que había acudido (tal y como el servicio de cardiología me había prescrito) hasta ocho veces a urgencias y siempre me decían que estaba todo bien, me dejaban en observación una hora y me dejaban ir, pensé: «¿Para qué volver?». Y decidí permanecer en «autoobservación» en casa.

A las 4:00 am mi estado no mejoraba. Seguía con el pulso alterado, dolor en el pecho... Había leído que gran parte de los fallecimientos se producían durante el sueño, por lo que dormir no era una opción.

A las 5:00 ya no podía más y sí, me rendí. Acepté, por fin, que no soy invencible, que no se puede luchar contra la naturaleza y que si tenía que ser así, sería así. Cerré los ojos y me entregué al sueño, pero no como cada noche. Esa noche me entregué al sueño dando las gracias por la vida, pidiendo volver a despertar y sin miedo, porque sentía que pasase lo que pasase, todo estaba bien. Cuando sonó el despertador lloré de alegría y di las gracias por un nuevo día.

Quiero que entiendas qué significa que me rendí. No quiero decir que perdí la esperanza y tiré la toalla. En realidad quiero decirte que hinqué la rodilla frente a la evidencia, que tomé conciencia de mi lucha contra las cosas y me entregué a la vida. Por fin agaché la cabeza ante la vida y acepté.

Había pasado un año y medio desde ese episodio cuando decidí romper con todo y volver a empezar. En ese momento vivía en otra provincia, como decía, a 400 km de mi ciudad. Un día me levanté y me dije: «Se ha acabado, vuelvo a casa a vivir la vida que siempre he soñado vivir». Porque a diferencia de lo que le pasa a muchas personas, yo sí sabía cuál era mi sueño. Ese día tomé una de mis libretas y escribí una fecha. Estábamos en octubre de 2018 y escribí: «A 30 de abril de 2019, yo duermo en mi cama de Murcia». Y lo publiqué para que mi compromiso «pesara» aún más. Esa mañana me dije: «No sé cómo lo voy a hacer, no tengo ni idea, pero sé que lo voy a conseguir». El día 10 de enero de 2019, casi tres meses antes de lo previsto, llegaba a Murcia con la maleta llena de sueños y proyectos. Te preguntarás cómo lo conseguí. Es fácil: hice un plan de acción y me comprometí con mi sueño.

Tras ese día en el que decidí dejarlo todo vinieron semanas de ansiedad y de estrés, no tenía ni idea de cómo hacerlo y pasaban los días y seguía sin ver la luz al final del túnel, seguía en ese estado de *shock*. Finalmente, un día lo tuve claro: tenía un sueño, tenía las fuerzas y aunque no tenía el ánimo, estaba dispuesto a hacer todo lo que fuera necesario (y, ¿qué más da tu estado de ánimo? ¿Quién dijo que solo se puede tener éxito desde la alegría?). Me di cuenta de que lo único importante que no tenía era un plan de acción. Y lo hice, analicé mi situación, me planteé las metas y escribí lo que debía hacer para alcanzarlas. Así fue cómo lo conseguí.

La mente tiene poder ilimitado, sí. Pero nunca entiendas por esto que la magia lo va a hacer por ti. Una vez que entiendes que el poder ilimitado de la mente es de imaginación, focalización y planeamiento, te sientes imparable, pero de nada sirve sin acción. Ningún ente superior alineó planetas para que mi plan funcionase; solo la acción de cada cual puede hacer que los planes funcionen, siempre recordando que —lo repito una vez más— el resultado no nos pertenece. Así fue como conseguí volver a Murcia, mi ciudad, con varios proyectos en mente.

Pero por circunstancias —el resultado no nos pertenece—, dos meses después no quedaba nada; todo lo que había planificado había saltado por los aires. ¿Sabes lo que me dije? Así es: «Si él ha podido, yo también puedo». Y agregué que, si ya he llegado hasta aquí, «puedo dar el siguiente paso». Tuve que recomponerme y volver a hacer un plan de acción.

En marzo de 2019 no tenía ningún proyecto en marcha y decidí iniciar un periodo de autocuidado y búsqueda activa en el que me interesé por diversas actividades, con el fin de encontrar mi verdadero camino. Así nació la toma de conciencia de mi «sentido de la vida» y nacieron todos los proyectos a los que me entregué, entre ellos este libro. Entonces entendí que los discursos «euforistas» eran tan perjudiciales como los victimistas. Pararse a respirar, mirar hacia dentro con compasión y aceptación, apretar los dientes y dar un paso más, solo un paso más, luego otro paso y luego solo otro paso más... todo eso son acciones que nos llevan en la dirección correcta.

Así, en **junio de 2019** empecé mi ciclo de conferencias; en **julio** viajé a Tierra Santa en lo que supuso un viaje interior en el que alcancé la comprensión de la *compasión*, viví la importancia del *perdón* y la verdad del *error* y conocí la entrega absoluta a la guía magistral. En **agosto** viajé a Turquía, donde me reencontré con la *inocencia*, y a República Dominicana, donde realicé mis conferencias y experimenté la *belleza* como expresión sublime del *amor*. En **septiembre** de 2019 creé mi tercer proyecto empresarial, empecé este libro y mi blog (www.davidgt.es), en **octubre** inicié un proyecto de consultoría, y en **diciembre** retomé mi actividad como psicólogo inspirador. En **noviembre** viajé a Egipto, donde viví la *amistad* verdadera y el poder creador de la *intención*. Desde entonces (hoy es 24 de enero de 2020) he participado en programas de radio, estoy invitado a dos universidades y un largo etcétera de proyectos que estoy emprendiendo.

Todo apoyado en un pilar fundamental, la libertad financiera. Todos los proyectos emprendidos hasta la fecha han sido posibles porque tengo cierto nivel de comodidad económica, pero todos mis esfuerzos se enfocan ahora a alcanzar esa libertad para el resto de mi vida, de tal manera que tiempo y dinero no vuelvan a ser nunca un problema del cual tenga que preocuparme y mantenerme ocupado y/o distraído de mi verdadero camino, de aquello que hace que mi vida tenga sentido, lo que hace que mi historia sea digna de ser contada porque sale de mi corazón: participar en que este mundo sea un lugar mejor.

¿Crees que todo eso ha ocurrido en mi mejor estado de salud física y emocional? Para nada; estos tres últimos años han sido los más difíciles y exigentes de mi vida. Por eso hago este alegato de que te olvides de todo y te centres en tu camino. Por supuesto, lucho cada día por mejorar mi salud y mi vida en todos los sentidos, pero eso no ha sido obstáculo, ¿sabes por qué? Porque dentro de mí existe la certeza de que «si él pudo, yo también puedo», existe la certeza de que si he sido capaz de tantas cosas (yo también soy un héroe sin capa), esta vez también voy a poder, y porque mis padres, mis abuelos y todos los que han participado en que mi vida exista, merecen que yo siga cada día con su legado y porque todo lo que soy me impele a dejar mi propio legado. Ese legado, se resume en mi frase:

Haz de tu vida una historia digna de ser contada,
pero hazlo desde el corazón. Y si te da miedo,
hazlo con miedo.

El plan de acción

En este último apartado vamos a tratar de hacer aterrizar todo lo expuesto hasta aquí. Qué importante es tener un plan de acción. Veíamos que en muchas ocasiones, la falta de acción se debe simplemente a que no sabes por dónde empezar, qué hacer o cómo hacerlo. Las cosas nos parecen imposibles porque no nos hemos sentado a analizarlas. En otras ocasiones la inacción viene del miedo que se genera por el juicio que hacemos de que algo es imposible por la indefinición de las tareas, medios, etc.

Aunque durante todo este tiempo hemos hablado del corazón y del **gran sueño**, ahora vamos a centrarnos es aspectos más terrenales, vamos a poner a la mente a funcionar para que nos ayude a proveernos de los medios que necesitamos para alcanzar eso que le dé sentido a nuestra vida.

¡Vamos a pasar a la acción!

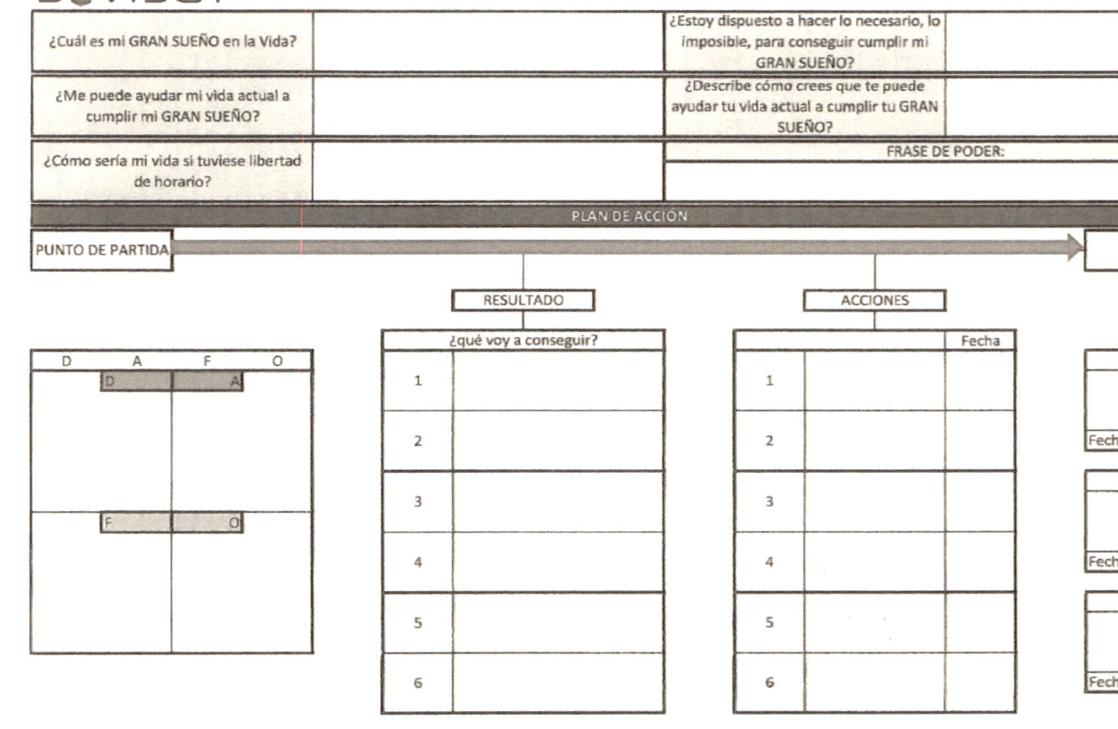

DAVIDGT

¿Cuál es mi GRAN SUEÑO en la Vida?

¿Estoy dispuesto a hacer lo necesario, lo imposible, para conseguir cumplir mi GRAN SUEÑO?

¿Me puede ayudar mi vida actual a cumplir mi GRAN SUEÑO?

¿Describe cómo crees que te puede ayudar tu vida actual a cumplir tu GRAN SUEÑO?

¿Cómo sería mi vida si tuviese libertad de horario?

FRASE DE PODER:

PLAN DE ACCIÓN

PUNTO DE PARTIDA

OBJETIVO

RESULTADO

ACCIONES

específicos
medibles
alcanzables
relevantes

D   A   F   O

D   A
F   O

¿qué voy a conseguir?

Fecha

1
2
3
4
5
6

1
2
3
4
5
6

objetivo 1:
Fecha:

objetivo 2:
Fecha:

objetivo 3:
Fecha:

www.davidgt.es

david@davidgt.es

124

Esta es la plantilla que uso para ordenar la información cada vez que quiero emprender un nuevo proyecto, y créeme que la diferencia es sustancial, porque en ella recojo todo lo que es importante. En el *magnet* que acompaña esta publicación encontrarás las instrucciones y ejercicios necesarios para su cumplimentación y posterior implementación. En este libro solo quiero adelantarte lo que uso, pero no es el momento de profundizar en las cosas de la mente; es un libro dedicado al corazón, pero me parecía interesante regalarte «el mapa del tesoro».

Vamos a hablar brevemente de tres aspectos.

⬇ INFORMACIÓN ADICIONAL

Por la compra de este libro, descárgate de forma gratuita:
Magnet El plan de acción..

http://www.poderdelaaccion.guiaburros.es/contenido-adicional

El punto de partida: repertorio de éxitos

Para empezar, vamos a hacer un análisis de tu punto de partida: dónde estás respecto a tus metas. Vamos a recuperar ese repertorio de éxitos para que recuerdes que en otras ocasiones ya has sido capaz de alcanzar retos importantes y que... ¡ya eres un héroe sin capa!

Objetivo (*smart*)

Como sabes, los objetivos han de ser sencillos, alcanzables, medibles, retadores y *timeables* (medibles en el tiempo). Una correcta definición de los objetivos facilitará las cosas, ya que nos ahorrará esfuerzos, nos hará centrar nuestra energía y atención y trabajar con el enfoque correcto.

Herramientas

En este apartado lo que hago es que describo todas las herramientas que necesito para avanzar (saber inglés, una furgoneta, capital inversor...). Ahora se trata de reunirlo, organizarlo y si no dispongo de ellas... ¡conseguirlas!

Como puedes ver, uso las frases de poder para mantenerme enfocado y generar esa activación inicial tan importante.

Podríamos dedicar otro libro —y así lo haré— solo a este punto, así es que si te parece lo dejamos aquí.

Resumen

Nos estamos acercando al final de tu libro. Tal y como te advertí al principio, cuando nos conocimos y leíste las instrucciones, iba a expresar de manera repetitiva e insistente una serie de ideas centrales.

Todo se resume en una frase de inspiración en la que recojo todo el mensaje que quiero lanzar: haz de tu vida una historia digna de ser contada. Pero hazlo desde el corazón, y si te da miedo... hazlo con miedo.

A partir de esta frase hemos desarrollado un modelo para que entendamos el proceso **SUEÑO > DECISIÓN > ACCIÓN**.

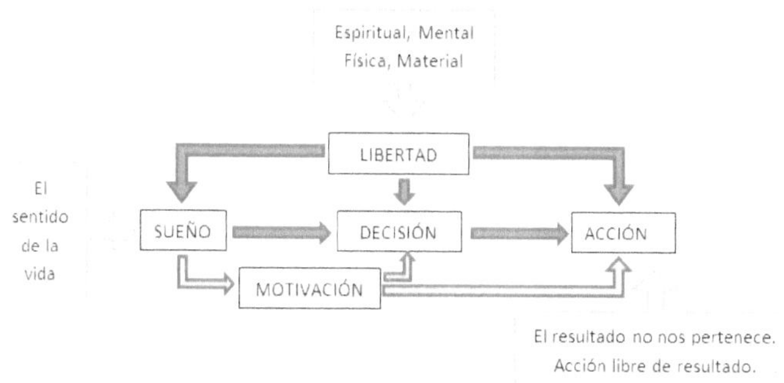

Hemos dicho que para poder cumplir nuestro **gran sueño** y liberar el poder creador de la intención, debemos poder ejercer la libertad con la que nacemos, pero a la cual hemos renunciado, y que para ello debemos trabajar las cuatro dimensiones del ser humano: espiritual, mental, física y material, para que no sean un lastre en ese ejercicio de la libertad.

Hemos diferenciado entre libertad y libre albedrío, y hemos hablado de la importancia de tomar la decisión.

Hemos hablado del miedo como una emoción más que nos acompaña. Hemos hablado del resultado diciendo que por un lado no nos pertenece, y que por otro lado debemos olvidarnos de él, ya que desde el corazón el resultado no es importante, toda vez que solo importa hacer aquello que le da sentido a la vida, y es la mente la que debe ocuparse de eso. Hemos hablado de la importancia de poner la mente al servicio de la vida y del corazón, y que para darle sentido a su actividad debemos tener un plan de acción dirigido en este caso al resultado.

Hemos hablado de que todo esto solo sirve si hay acción, hemos hablado de la importancia de tomar conciencia de que ya somos héroes y heroínas sin capa y de la importancia del legado.

Por último, haré un llamamiento a la acción dirigida desde el corazón para poder hacer de este mundo un lugar mejor.

Hazlo desde el corazón

¡Acción, acción y acción!

¡Hacer, hacer y hacer!

Ya te lo he dicho en no sé cuántas ocasiones.

Pero no todo vale. Más allá de las características operativas que debe presentar la acción y de las cuales hemos hablado antes, te voy a pedir que centres tu actividad en aquello que nace de tu corazón.

Sí, haz de tu vida una historia digna de ser contada. Pero hazlo desde el corazón. La historia está llena de personajes y episodios tristemente dignos de recordar, pero para que no se repitan. Quiero incitarte a la acción, he escrito este libro para acompañarte en el camino previo, pero solo con una intención: que lo que hagas salga de tu corazón y, por lo tanto, esté guiado por el Amor.

Sabes cuál es mi **gran sueño**, te lo voy a confesar, el de verdad: ayudar a hacer de este mundo un lugar mejor.

¿Y qué crees que hace falta para ello? Inventar la vacuna de todas las enfermedades, ser presidente de USA o de la ONU, derrotar a la muerte... ¡cuántas «grandes gestas» se me ocurren! Pero no, nada de eso. Solo es necesario que todas las personas de este planeta miren hacia adentro y actúen desde el amor; con solo eso basta. Del amor nace la compasión por uno mismo y por los demás, y con compasión hay respeto y ausencia de juicio hacia todo el mundo; del amor nace la ternura que dará protección y afecto a todas las personas; del amor nace todo lo que es digno de ser contado. Bastaría con que cada ser humano actuase guiado por el Amor para que el mundo fuera un lugar mejor.

Por eso te animo a que empieces por ti, déjate llevar por tu **gran sueño**, desata el poder creador de la intención, haz de tu vida una historia digna de ser contada, pero hazlo desde el corazón...

Y si te da miedo, ¡hazlo con miedo!

Sí... hazlo desde el corazón. Y si te da miedo, hazlo con miedo. Sigue siempre en marcha, sigue y sigue y sigue. Persigue tu **gran sueño**, siempre, cada día, cada instante, porque la vida se va segundo a segundo y nunca podremos recuperar el tiempo vivido.

Que nada te detenga, ni el miedo (tenlo, es tu amigo), ni la tristeza (es un mecanismo necesario para la vida), ni la alegría (que no te aleje de tu enfoque), ni nada en este mundo te detenga, querid@ amig@.

Te invito a que te enamores de la vida y entiendas que la vida también es estar triste, tener miedo, no saber, es el dolor de la pérdida, la ilusión del amanecer de un nuevo amor, es la enfermedad, de la salud, es la belleza de un amanecer y la de un atardecer... Todo eso es la vida, y tildarlo de bueno o malo es solo un juicio de valor que hacemos a nuestra conveniencia «haciéndonos trampas al solitario», porque nada es bueno o es malo en sí mismo. Sé libre de elegir, pero recuerda que esa libertad es una conquista, y hasta que no la alcances no serás libre de elegir de verdad. Pero no te detengas, y si te detienes que sea para recuperarte, para reponer fuerzas, para formarte, para reunir todos los recursos que necesitas para continuar, y entonces continúa, vuelve a hacer, da las gracias por cada día que tienes porque te da la oportunidad de que vuelvas a hacerlo, y si no puedes hacerlo, al menos inténtalo y mira a ver qué pasa, y si no sale, mira a ver por qué no ha salido y vuelve a la carga, pero siempre, siempre, siempre mantén la certeza de que, tarde o temprano, lo vas a conseguir.

Hazlo a pesar de todo, hazlo a pesar de todos, hazlo a pesar de ti. Has nacido para ello y tienes la obligación de hacerlo. Tienes la capacidad de hacerlo. Tienes el derecho a hacer de tu vida una historia digna de ser contada, pero hazlo desde el corazón...

Y si te da miedo, ¡hazlo con miedo!

Epílogo

Estoy muy contento de que hayamos llegado al final de tu libro. ¿Recuerdas que empezamos escuchando el *Bolero* de Ravel? Espero que haya sido un camino provechoso, que te hayas emocionado, ilusionado, que te haya resultado ilustrador, esclarecedor e inspirador.

(Te prometo que en este momento está sonando el «Himno a la Alegría» de la Novena Sinfonía *de Beethoven... Acaba de terminar. ¡Aplausos!).*

Te confieso que he aprendido mucho escribiéndolo por lo que supone ordenar las ideas, investigar, desarrollar un modelo explicativo, explicarlo, etc. Dime una cosa: ¿lo he conseguido? ¿He sido capaz de hacer un libro que te inspire para la acción?

Deseo de corazón haberlo conseguido y que este libro ya sea tu libro. Mira, tanto es mi deseo que vamos a hacer un último ejercicio.

Quiero que le pongas un nuevo título a este libro. Ahora mismo no alcanzo a saber cuántos ejemplares se publicarán. Lo que sí sé es que este libro es solo tuyo,

Título:

Autor/a:

Fecha:

Dedicado a:

Agradecimientos:

Me despido ya, dándote las gracias por haberme permitido acompañarte en este proceso que seguro te va a llevar al sentido de tu vida. Por abrirme las puertas de tu corazón y darme la oportunidad de arrancarte alguna sonrisa y quizá alguna lágrima. Por confesarte en estas páginas y por hacer, con la lectura de este libro, que mi legado te toque, y con ello yo pueda hacer eso que le da sentido a mi vida.

Gracias por participar porque gracias a personas como tú, mi vida ya es una historia digna de ser contada.

Suena el *Bolero* de Ravel...

Murcia, 26 de enero de 2020

"Haz de tu vida una historia digna de ser contada. Pero hazlo desde el corazón. Y si te da miedo ¡Hazlo con miedo!"

Con todo mi amor

David GT

Bibliografía

El hombre en busca del sentido. Viktor Frankl.

Pon a Buda cerca de ti. Sebastián Vázquez.

Management Humano. Sebastián Vázquez.

El divino gobierno del reino humano. Ibn 'Arabi.

Cómo hacer que te pasen cosas buenas. Marian Rojas.

Patrocinio

Trabajar con DavidGT te va a suponer una experiencia enriquecedora en lo personal y en lo profesional. Como psicólogo inspirador, trabajaremos bajo el lema "haz de tu vida una historia digna de ser contada" para que juntos podamos encontrar aquello que le da sentido a tu vida y pasar a la acción dirigida al logro.

Como consultor estratégico y formador, trabajaremos para que tu empresa/organización sea más eficiente y esté alineada con tu gran proyecto en la vida.

En este libro podrás encontrar los cimientos de mi pensamiento y la lógica que subyace a mi método. Para más información, te recomiendo que visites mi blog

ww.davidgt.es

www.editatum.com

www.ingramcontent.com/pod-product-compliance
Lightning Source LLC
LaVergne TN
LVHW090009180726
843489LV00001B/455